Dr. Oetker

Torten backen & dekorieren

Dr. Oetker

Torten backen & dekorieren

Dr. Oetker Verlag

Sahnetupfen spritzen war gestern – heute ist Torten stylen angesagt.
Backen Sie gern? Fanden Ihre Torten und Kuchen aber immer etwas fantasielos?
Die Zeiten sind vorbei! Hier wird Ihre Kreativität beflügelt.

Für beeindruckende Kuchen und Torten finden Sie hier die schönsten Ideen.
Gelingsichere Rezepte für lecker-lockere Gebäcke, cremige Füllungen und fantasievolle Dekorationen.
Mit diesen Kreationen werden Sie punkten.

Ob bestäubt oder bestreut, ob glasiert, mit Schokolade, Sahne oder Buttercreme verziert
oder mit Früchten, Blüten, Marzipan oder Zuckerteig dekoriert,
hier wird jede Torte zum Nonplusultra.

Backgenuss mit hohem Blendfaktor. Die Nachbarn werden neidisch sein.

Alle Rezepte sind wie immer von Dr. Oetker nachgebacken
und Schritt-für-Schritt so beschrieben, dass Sie Ihnen garantiert gelingen.

Viel Spaß beim Ausprobieren!

Ratgeber

FORMEN UND WERKZEUGE

Für die Kuchen und Torten in diesem Buch sollten Sie qualitativ hochwertiges Küchen-Handwerkszeug verwenden, damit Ihre Kuchen und Torten gelingen. Das Meiste werden Sie als Hobby-Bäcker im Hause haben. Zusätzlich benötigen Sie einige Spezial-Formen oder Werkzeuge.
Diese erhalten Sie in gut sortierten Haushaltswaren-Geschäften oder im Internet unter www.tortissimo.de oder bei der Firma Städter GmbH, Carl-Benz-Str. 6, 35305 Grünberg.

Hilfreich sind folgende Werkeuge und Formen:
Backmatte und Ausrollstab aus Silikon, Teigschaber groß und klein, Winkel- und Flachpalette, Kuchengitter rund und eckig, Tortenunterlagen aus Metall in rund und eckig, verstellbarer Tortenring und verstellbarer eckiger Backrahmen, Tortenmesser und Drehteller.

ZUTATEN

Die Zutaten für die in diesem Buch beschriebenen Kuchen und Torten erhalten Sie in gut sortierten Supermärkten oder den Lebensmittelabteilungen der Kaufhäuser. Sollten Sie dort nicht fündig werden, versuchen Sie es im Internet unter www.tortissimo.de oder bei der Firma Städter GmbH, Carl-Benz-Str. 6, 35305 Grünberg.

Gummi Arabicum ist ein helles Pulver aus der Rinde tropischer Akazien und dient als Binde- und Verdickungsmittel, z. B. für weiche Süßigkeiten. Es verhindert die Ausbildung von Zucker- oder Eiskristallen.

Roll- und Dekorfondant ist eine Überzugs- und Modelliermasse, die ideal zum Einkleiden von Torten und zum Ausstechen und Modellieren von feinen Tortendekorationen ist. Fondantreste lassen sich sehr lange – luftdicht verpackt – aufbewahren und einfrieren.

KUVERTÜRE TEMPERIEREN

1. Zartbitter-Kuvertüre oder -Schokolade (mit einem hohen Kakaobutter-Anteil) grob hacken.

2. Ein Drittel davon in eine Metallschüssel geben. Einen kleinen Topf ⅓ hoch mit Wasser füllen. Die Schüssel in das Wasserbad setzen. Das Ganze bei schwacher Hitze erwärmen, bis die Kuvertüre oder Schokolade unter gelegentlichem Rühren geschmolzen ist.

3. Schüssel aus dem Wasserbad nehmen, restliche gehackte Kuvertüre oder Schokolade unterrühren.

4. Die Masse erneut erwärmen.

Marzipan-Rohmasse ist eine Masse, die vorwiegend aus süßen Mandeln und Zucker hergestellt wird (erhältlich im Lebensmittel-Einzelhandel). Marzipan-Rohmasse eignet sich für Füllungen, Teige, Konfekt und Garnierungen.

TIPPS UND TRICKS

- Aufgelöste Schokoladen-, Kuvertürereste oder Puderzuckerguss in einem fest verschlossenen Gefrierbeutel aufbewahren (nicht in der Spritztüte).
- Für einen Spritzguss, ein Spitzenmuster oder Motiv ein Muster auf ein Stück Backpapier aufzeichnen, das Backpapier umdrehen und den Guss daraufspritzen. Oder ein Motiv auf einen Bogen Papier mit kräftigen Linien aufzeichnen und anschließend das Backpapier darauflegen.
- Wer einen Kuchen mit einem Guss oder mit Schokolade besprenkeln möchte, kann statt der Spritztüte auch einen kleinen Gefrierbeutel verwenden. Dann an einer Ecke eine kleine Spitze abschneiden. Oder den Kuchen mit Hilfe eines Teelöffels besprenkeln.
- Schokoladen- oder Zuckerstreusel immer erst kurz vor dem Servieren auf feuchte Cremes oder Sahne streuen. Sie laufen sonst bunt aus.

FALTEN EINER PAPIERSPRITZTÜTE

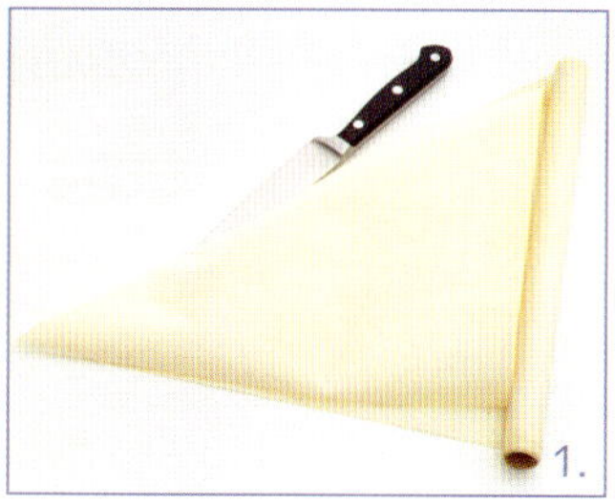
1. Pergamentpapier dreieckig schneiden.

2. Eine Seite aufrollen.

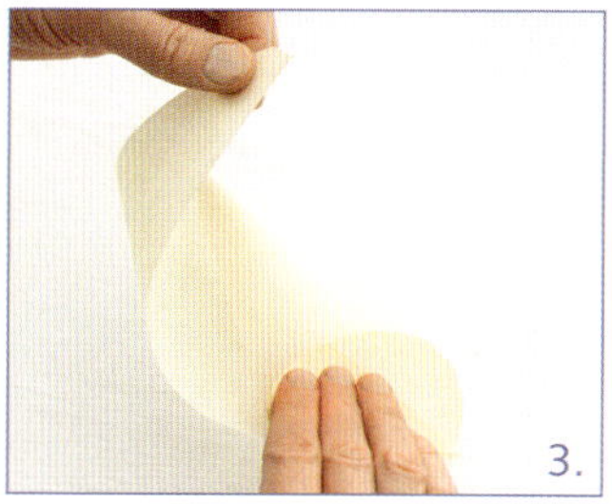
3. Die eingerollte Ecke umschlagen.

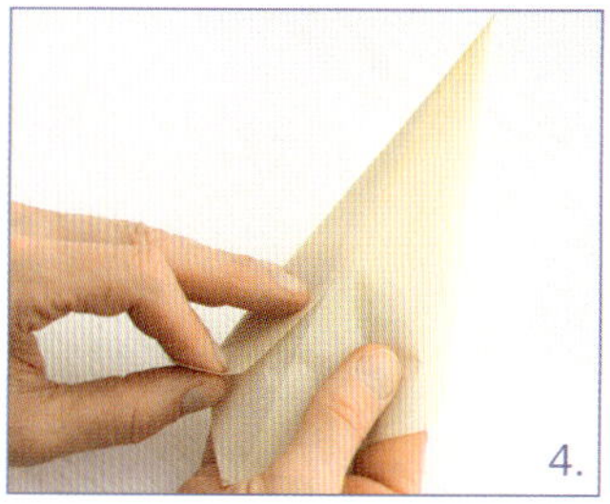
4. Kante auf Kante ziehen.

5. Den Spritzguss einfüllen. Dabei sollte sich die Tüte nicht verdrehen.

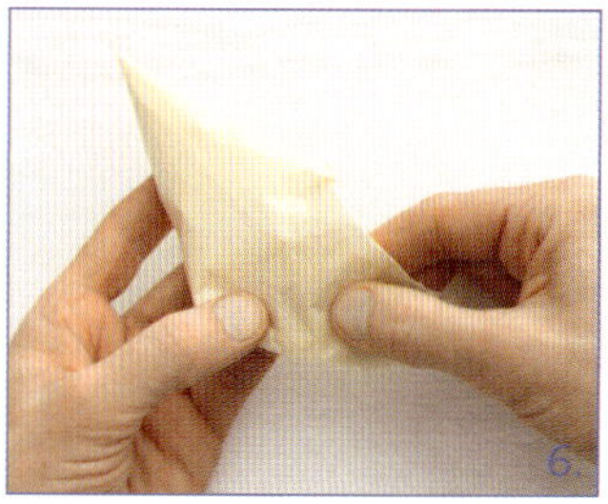
6. Die Tüte zusammenfalten. Die Spitze der Tüte in gewünschter Größe abschneiden.

KOKOSHERZ MIT SCHERENSCHNITTMUSTER

1.

2.

3.

4.

KOKOSHERZ MIT SCHERENSCHNITTMUSTER (Zubereitungszeit: etwa 45 Minuten, ohne Abkühlzeit)

1 Herzform (Ø 26 cm), weiche Butter oder Margarine zum Einfetten

FÜR DEN RÜHRTEIG:

250 g	Weizenmehl
3 gestr. TL	Dr. Oetker Backin
150 g	Kokosraspel
250 g	weiche Butter oder Margarine
250 g	Zucker
2 Pck.	Dr. Oetker Vanillin-Zucker
6	Eier (Größe M)
70 ml	Milch

ZUM BESTREICHEN UND BESTREUEN:

4 EL	Aprikosenkonfitüre
1 EL	Zucker
1 EL	Wasser
50 g	Kokoschips (erhältlich im Reformhaus)

1. Die Herzform mit Butter oder Margarine bestreichen. Den Backofen vorheizen.
2. Für den Teig Mehl, Backpulver und Kokosraspel in eine Schüssel geben und mit einem Schneebesen verrühren.
3. Butter oder Margarine in eine Rührschüssel geben und mit Handrührgerät mit Rührbesen auf höchster Stufe geschmeidig rühren. Zucker und Vanillin-Zucker nach und nach unterrühren. So lange rühren, bis eine gebundene Masse entstanden ist.
4. Eier nach und nach unterrühren (jedes Ei etwa ½ Minute). Das Mehlgemisch im Wechsel mit der Milch in 2 Portionen unterrühren. Den Teig in die Form füllen und glattstreichen. Die Form auf dem Rost in den vorgeheizten Backofen schieben.

Ober-/Unterhitze: etwa 180 °C
Heißluft: etwa 160 °C
Backzeit: 50–60 Minuten.

5. Die Form auf einen Kuchenrost stellen. Den Kuchen nach etwa 10 Minuten mit einem Messer aus der Form lösen und auf einen mit Backpapier belegten Kuchenrost stürzen.
6. Den Kuchen wieder umdrehen und mindestens 2 Stunden erkalten lassen. Den Kuchen auf eine Tortenunterlage setzen.
7. Zum Bestreichen und Bestreuen Aprikosenkonfitüre, Zucker und Wasser verrühren, aufkochen und durch ein Sieb streichen. Den Kuchen rundherum mit der Glasur bestreichen. Die Kokoschips an die feuchte Glasur drücken.

FÜR DIE DEKORATION

30 g	gesiebter Puderzucker
	außerdem Backpapier

1. Ein Herz in Größe des Kuchens auf das Backpapier zeichnen.
2. Das Papier zuerst längs und dann quer zur Mitte falten. Dann noch 2–3-mal diagonal zur Mitte falten, so dass es die Größe eines schmalen Tortenstückes hat. Mit einer Schere an beiden Längsseiten unterschiedliche Halbkreise und Ecken ausschneiden.
3. Die Schablone auseinanderfalten, auf den Kuchen legen und mit Puderzucker bestäuben.
4. Die Schablone vorsichtig abheben, so dass kein Puderzucker wegweht.

ERDBEERTORTE MIT KOKOSRAND

ERDBEERTORTE MIT KOKOSRAND (Zubereitungszeit: etwa 70 Minuten, ohne Kühlzeit)

1 Springform (Ø 26 cm), Backpapier

FÜR DEN RÜHRTEIG:

130 g	Weizenmehl
50 g	Speisestärke
2 gestr. TL	Dr. Oetker Backin
150 g	weiche Butter
120 g	Zucker
1 Prise	Salz
1 Pck.	Dr. Oetker Finesse Geriebene Zitronenschale
3	Eier (Größe M)

Für den Belag:

700 g	Erdbeeren
2 Pck.	Dr. Oetker Tortenguss, klar
4 EL	Zucker
500 ml	(½ l) klarer Apfelsaft oder schwarzer Johannisbeernektar

1. Einen Bogen Backpapier auf den Boden der Springform legen und mit dem Springformrand straff einspannen. Den Backofen vorheizen.

2. Für den Teig Mehl, Speisestärke und Backpulver in eine Schüssel geben und mit einem Schneebesen verrühren.

3. Butter in eine Rührschüssel geben und mit Handrührgerät mit Rührbesen geschmeidig rühren. Nach und nach Zucker, Salz und Zitronenschale unterrühren. So lange rühren, bis eine gebundene Masse entstanden ist. Eier nach und nach unterrühren (jedes Ei etwa ½ Minute). Mehlgemisch in 2 Portionen auf mittlerer Stufe unterrühren.

4. Den Teig in die Form füllen und glattstreichen. Die Form auf dem Rost in den vorgeheizten Backofen schieben.

Ober-/Unterhitze: etwa 180 °C
Heißluft: etwa 160 °C
Backzeit: 30–35 Minuten.

5. Die Form auf einen Kuchenrost stellen. Nach etwa 10 Minuten den Springformrand mit einem Messer lösen. Den Tortenboden mit dem Backpapier auf einen Kuchenrost ziehen und erkalten lassen.

6. Für den Belag Erdbeeren putzen, abspülen, trocken tupfen und entstielen. Den Tortenboden vom Backpapier lösen und auf eine Tortenunterlage setzen. Einen Tortenring oder den gesäuberten Springformrand darumstellen. Erdbeeren jeweils mit der Spitze nach oben auf dem Tortenboden verteilen.

7. Aus Tortengusspulver, Zucker, Apfelsaft oder Johannisbeernektar einen Guss nach Packungsanleitung zubereiten und mit einem Löffel von der Mitte beginnend nach außen auf den Erdbeeren verteilen. Die Torte etwa 1 Stunde kühl stellen. Den Tortenring oder Springformrand mit einem Messer vorsichtig lösen.

FÜR DIE DEKORATION

70 g	Kokosraspel
300 g	Schlagsahne
2 EL	gesiebter Puderzucker
1 Pck.	Dr. Oetker Sahnesteif

1. 30 g Kokosraspel in einer Pfanne ohne Fett goldbraun rösten, auf einem Teller erkalten lassen. Sahne mit Puderzucker und Sahnesteif steifschlagen. Den Tortenrand damit bestreichen.

2. Geröstete Kokosraspel an die untere Hälfte des Tortenrandes streuen oder mit einer Teigkarte andrücken.

3. Restliche weiße Kokosraspel an die obere Hälfte des Tortenrandes streuen. Heruntergefallene Kokosraspel entfernen.

KOKOSBERG MIT KERZEN

KOKOSBERG MIT KERZEN (Zubereitungszeit: etwa 120 Minuten, ohne Kühlzeit)

2 Springformen (Ø 20 cm), weiche Butter oder Margarine, Backpapier

FÜR DEN ALL-IN-TEIG:
(Teigzutaten für je 1 Springform)

370 g	Weizenmehl
3 gestr. TL	Dr. Oetker Backin
200 g	Zucker
1 Pck.	Dr. Oetker Vanillin-Zucker
4	Eier (Größe M)
70 ml	Milch
250 g	weiche Butter oder Margarine

FÜR DIE KOKOSCREME:

5 EL	Wasser
40 g	Speisestärke
1 Dose	Kokosmilch (170 ml)
125 ml (⅛ l)	Kokoslikör
200 g	weiche Butter
100 g	gesiebter Puderzucker

FÜR DIE FÜLLUNG:

1 Dose	Ananasscheiben (Abtropfgewicht 350 g)
etwa 200 ml	Ananassaft (aus der Dose)
etwa 200 ml	Wasser
3 EL	Zitronensaft
2 Pck.	Tortenguss, klar
2 EL	Zucker

Den Teig zweimal zubereiten!

1. Vom Backpapier zwei Streifen (je etwa 62 cm Länge) abschneiden. Jeden Streifen zweimal der Länge nach falten, so dass die Streifen 12–13 cm breit sind. Die Böden der Formen einfetten, die Streifen als zusätzlichen Rand in die Formen stellen. Den Backofen vorheizen.
2. Für den Teig Mehl und Backpulver in eine Rührschüssel geben, mit einem Schneebesen verrühren. Nacheinander Zucker, Vanillin-Zucker, Eier, Milch und Butter oder Margarine hinzufügen.
3. Die Zutaten mit Handrührgerät mit Rührbesen in etwa 1 Minute zu einem glatten Teig verarbeiten. Den Teig in die Formen füllen. Die Formen auf dem Rost in den vorgeheizten Backofen schieben.

Ober-/Unterhitze: etwa 180 °C
Heißluft: etwa 160 °C
Backzeit: 60–70 Minuten.

4. Die Formen auf je einen Kuchenrost stellen. Nach etwa 10 Minuten die Springformränder entfernen, das Backpapier vorsichtig abziehen. Die Kuchen erkalten lassen.
5. Für die Kokoscreme Wasser und Speisestärke verrühren. Kokosmilch und -likör in einem Topf aufkochen. Angerührte Speisestärke einrühren, Kokosmasse aufkochen, Topf von der Kochstelle nehmen. Direkt auf die Kokosmasse Frischhaltefolie legen. Die Kokosmasse erkalten lassen, bis sie Zimmertemperatur hat.
6. Für die Füllung Ananasscheiben in einem Sieb abtropfen lassen, dabei den Saft auffangen. Ananasscheiben in sehr schmale Stücke schneiden. Aufgefangenen Saft in einen Messbecher gießen. Mit Wasser auf 400 ml auffüllen, Zitronensaft hinzugeben.
7. Aus Tortengusspulver, dem Saftgemisch und Zucker einen Tortenguss nach Packungsanleitung zubereiten. Den Topf von der Kochstelle nehmen und die Ananasstücke unter den Guss rühren. Die Ananasmasse etwa 5 Minuten abkühlen lassen.
8. Von einem Kuchen die runde Oberfläche gerade schneiden. Jeden Kuchen zweimal waagerecht durchschneiden. Die Ananasmasse auf die 5 Kuchenböden verteilen und glattstreichen. Die bestrichenen Kuchenböden aufeinandersetzen und mit dem letzten Kuchenboden (mit der gerade geschnittenen Oberfläche) belegen. Den Kuchenturm etwa 1 Stunde kühl stellen.
9. Für die Kokoscreme Butter und Puderzucker in eine Rührschüssel geben und mit Handrührgerät mit Rührbesen cremig aufschlagen. Kokosmasse esslöffelweise unterrühren. Den Kuchenturm rundherum mit der Kokoscreme einstreichen. Den Kuchenturm bis zum Dekorieren kühl stellen.

FÜR DIE DEKORATION

1	Kokosnuss oder etwa
200 g	Kokoschips (erhältlich im Reformhaus)
	tropffreie Kerzen

1. Mit einem spitzen Gegenstand (Dorn oder Korkenzieher) die Augen der Kokosnuss einstechen. Die Nuss in ein enges Gefäß setzen und das Kokoswasser herauslaufen lassen.
2. Die Kokosnuss in ein Geschirrtuch wickeln und mit einem Hammer zertrümmern.
3. Das Kokosnussfleisch mit einem Löffel von der Schale lösen.
4. Das Kokosnussfleisch mit einem Gemüsehobel in Späne hobeln. Die Späne rundherum auf der Torte verteilen und leicht andrücken. Die Kerzen in die Torte stecken.

Tipp: Das Kokosfruchtfleisch lässt sich perfekt lösen, wenn die Kokosnuss ohne Kokoswasser etwa 15 Minuten bei Ober-/Unterhitze bei etwa 200 °C erhitzt wird. Anschließend Kokosnuss erkalten lassen und aufbrechen.

TARTUFO

TARTUFO (Zubereitungszeit: etwa 90 Minuten)

1 Springform (Ø 20 cm), Backpapier

FÜR DEN RÜHRTEIG:

100 g	weiße Schokolade
250 g	Weizenmehl
1 gestr. TL	gemahlener Zimt
120 g	abgezogene, gemahlene Mandeln
3 gestr. TL	Dr. Oetker Backin
180 g	weiche Butter
1 Msp.	Salz
180 g	Zucker
1 Pck.	Dr. Oetker Vanillin-Zucker
5 Tropfen	Bittermandel-Aroma
4	Eier (Größe M)
3 EL	Milch
5 EL	Mandellikör

1. Einen Bogen Backpapier auf den Boden der Springform legen und mit dem Springformrand straff einspannen. Den Backofen vorheizen.
2. Für den Teig weiße Schokolade fein hacken. Mehl, Zimt, gemahlene Mandeln und Backpulver in eine Schüssel geben, mit einem Schneebesen verrühren.
3. Butter in eine Rührschüssel geben und mit Handrührgerät mit Rührbesen auf höchster Stufe geschmeidig rühren. Nach und nach Salz, Zucker und Vanillin-Zucker unterrühren. So lange rühren, bis eine gebundene Masse entstanden ist. Bittermandel-Aroma hinzufügen. Eier nach und nach unterrühren (jedes Ei etwa ½ Minute).
4. Mehlgemisch im Wechsel mit der Milch in 2 Portionen unter den Teig rühren. Schokolade unterrühren. Den Teig in die Form füllen und glattstreichen. Die Form auf dem Rost in den vorgeheizten Backofen schieben.

Ober-/Unterhitze: etwa 180 °C
Heißluft: etwa 160 °C
Backzeit: 75–85 Minuten.

5. Die Form auf einen Kuchenrost setzen. Den heißen Kuchen mit Mandellikör beträufeln. Den Kuchen nach etwa 10 Minuten mit einem Messer aus der Form lösen. Den Kuchen mit dem Backpapier auf einen Kuchenrost ziehen und mindestens 2 Stunden erkalten lassen. Das mitgebackene Backpapier abziehen und den Kuchen auf eine Tortenunterlage setzen.

FÜR DIE SCHOKOLADEN-BUTTERCREME

150 g	Zartbitter-Kuvertüre
30 g	Kakaopulver
100 ml	Milch
250 g	weiche Butter
250 g	gesiebter Puderzucker
2 TL	Zitronensaft

1. Für die Buttercreme Kuvertüre hacken. Kakao und Milch in einen kleinen Topf geben, unter Rühren kurz aufkochen lassen. Topf von der Kochstelle nehmen. Gehackte Kuvertüre nach und nach in den Kakao rühren. Kakao-Kuvertüre-Masse abkühlen lassen, bis sie etwa die Temperatur der Butter hat, dabei gelegentlich umrühren.
2. Butter in eine Rührschüssel geben und mit Handrührgerät mit Rührbesen zu einer weißen Creme aufschlagen. Puderzucker in mehreren Portionen unterrühren. Zitronensaft hinzufügen. Kakao-Kuvertüre-Masse nach und nach unterrühren. Die Creme zudecken und etwa 1 Stunde kalt stellen.

FÜR DIE DEKORATION

1 fertiges Rezept Schokoladen-Buttercreme

50 g	abgezogene, gestiftelte Mandeln
2 EL	Kakaopulver
	tropffreie, dünne Kerzen

1. Buttercreme auf den Kuchen geben. Den Kuchen kuppelförmig damit einstreichen. Den Kuchen mindestens 1 Stunde kalt stellen.
2. Kakaopulver in ein Sieb geben und auf die Creme stäuben. Den Kuchen dabei schräg halten.
3. Mandelstifte in die Creme stecken. Kerzen in den Tartufo stecken.

Tipp: Die Mandelstifte vorher bei schwacher Hitze in einer Pfanne ohne Fett hellbraun rösten. Mandelstifte auf einen Teller schütten und erkalten lassen.

KUPPEL MIT STREUSEL-BUCHSTABEN

KUPPEL MIT STREUSEL-BUCHSTABEN (Zubereitungszeit: etwa 70 Minuten, ohne Kühlzeit)

1 Springform (Ø 20 cm), weiche Butter oder Margarine, Backpapier

FÜR DEN ALL-IN-TEIG:

2 Dosen	Mandarinen (Abtropfgewicht je 175 g)
400 g	Weizenmehl
3 gestr. TL	Dr. Oetker Backin
220 g	Zucker
2 Pck.	Dr. Oetker Finesse Geriebene Zitronenschale
5	Eier (Größe M)
250 g	weiche Butter oder Margarine

ZUM BETRÄUFELN:

200 ml	Mango-Maracuja-Nektar

ZUM BESTREICHEN:

400 g	Schlagsahne
40 g	gesiebter Puderzucker
2 Pck.	Dr. Oetker Sahnesteif

1. Vom Backpapier einen Streifen (Länge etwa 62 cm) abschneiden. Das Papier zweimal der Länge nach falten, so dass der Streifen 12–13 cm breit ist. Den Boden der Form einfetten, den Streifen als zusätzlichen Rand in die Form stellen. Den Backofen vorheizen.

2. Für den Teig Mandarinen in einem Sieb abtropfen lassen. Mehl und Backpulver in eine Rührschüssel geben und mit einem Schneebesen verrühren. Zucker, Zitronenschale, Eier und Butter oder Margarine hinzufügen.

3. Die Zutaten mit Handrührgerät mit Rührbesen zunächst kurz auf niedrigster, dann auf höchster Stufe in etwa 1 Minute zu einem glatten Teig verarbeiten. Mandarinen kurz unterheben. Den Teig in die Form füllen. Die Form auf dem Rost in den vorgeheizten Backofen schieben.

Ober-/Unterhitze: etwa 180 °C
Heißluft: etwa 160 °C
Backzeit: 90–100 Minuten.

4. Die Form auf einen Kuchenrost stellen. Nach etwa 10 Minuten den Springformrand entfernen und das Backpapier vorsichtig abziehen. Den Kuchen erkalten lassen.

5. Den Kuchen vom Springformboden lösen und dreimal waagerecht durchschneiden. Die einzelnen Böden mit Maracuja-Nektar beträufeln, dafür den oberen Boden umdrehen und die Innenseite beträufeln. Den Kuchen auf einer Tortenunterlage wieder zusammensetzen.

6. Zum Bestreichen Sahne mit Puderzucker und Sahnesteif steifschlagen. Den Kuchen rundherum damit einstreichen. Den Kuchen auf eine Tortenplatte setzen und kühl stellen.

FÜR DIE DEKORATION

150 g	Zartbitter-Kuvertüre
50 g	bunte Zuckerstreusel
	Backpapier

1. Die Kuvertüre grob hacken und wie im Ratgeber Seite 6 beschrieben temperieren. Die Kuvertüre mit einer Winkelpalette etwa messerrückendick auf ein Stück Backpapier streichen.

2. Zuckerstreusel auf die feuchte Kuvertüre streuen.

3. Wenn die Kuvertüre fast fest geworden ist, Buchstaben ausstechen. Die Buchstaben fest werden lassen und mit einer Palette vom Backpapier lösen.

4. Die Kuvertürereste zerbrechen. Buchstaben und Kuvertürereste in die Sahne auf die Torte setzen und leicht andrücken.

ZEBRA-KUCHEN

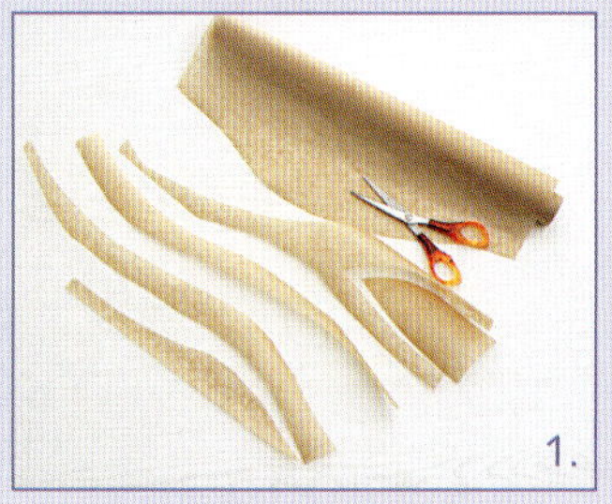

1.

2.

3.

4.

ZEBRA-KUCHEN (Zubereitungszeit: etwa 90 Minuten, ohne Abkühlzeit)

1 Backblech (30 x 40 cm),
weiche Butter oder Margarine,
Backpapier, 1 eckiger Backrahmen

FÜR DEN ALL-IN-TEIG:

150 g	Butter-Mandel-Karamell-Bonbons mit Schokolade
300 g	Weizenmehl
3 gestr. TL	Dr. Oetker Backin
200 g	Zucker
1 Pck.	Dr. Oetker Vanillin-Zucker
1 Prise	Salz
5	Eier (Größe M)
5 EL	Milch
250 g	weiche Butter oder Margarine

1. Das Backblech in den Ecken und der Mitte einfetten, mit Backpapier belegen. Den Backrahmen auf das Backpapier stellen und zu einem Rechteck (28 x 35 cm) ausziehen. Den Backofen vorheizen.

2. Für den Teig Bonbons in 3 Portionen im Zerkleinerer fein hacken. Mehl mit Backpulver in eine Rührschüssel geben und mit einem Schneebesen verrühren. Zucker, Vanillin-Zucker, Salz, Eier, Milch und Butter oder Margarine hinzufügen. Die Zutaten mit Handrührgerät mit Rührbesen zunächst kurz auf niedrigster, dann auf höchster Stufe in etwa 1 Minute zu einem glatten Teig verarbeiten.

3. Den Teig in den Backrahmen füllen und glattstreichen. Das Backblech in den vorgeheizten Backofen schieben.

Ober-/Unterhitze: etwa 180 °C
Heißluft: etwa 160 °C
Backzeit: etwa 25 Minuten.

4. Das Backblech auf einen Kuchenrost stellen. Nach etwa 10 Minuten den Backrahmen mit einem Messer vom Kuchen lösen und entfernen. Den Kuchen erkalten lassen.

5. Den Kuchen vom Backpapier lösen und auf eine eckige Tortenunterlage setzen. Kuchenränder glatt schneiden.

FÜR DIE DEKORATION

700 g	Schlagsahne
30 g	gesiebter Puderzucker
2 Pck.	Dr. Oetker Sahnesteif
100 g	Schokostreusel

1. Sahne in 2 Portionen mit jeweils der Hälfte des Puderzuckers und einem Päckchen Sahnesteif steifschlagen. Den Kuchen mit $^2/_3$ der Sahne einstreichen, restliche Sahne kühl stellen. Mit einer Schere aus Backpapier mindestens 3 leicht gewellte Streifen (etwa 30 x 1,5 cm) schneiden.

2. Schokostreusel in eine Papierspritztüte füllen, die Spitze mit einer Schere abschneiden. Die Papierstreifen so auf die Sahne legen, dass ein Zebramuster entsteht.

3. Die Zwischenräume mit Schokostreuseln bestreuen.

4. Papierstreifen vorsichtig abnehmen. Kühl gestellte Sahne in einen Spritzbeutel mit großer Lochtülle (Ø etwa 12 mm) füllen. Einen Rand um den Kuchen spritzen.

KARO-KUCHEN

1.

2.

3.

KARO-KUCHEN (Zubereitungszeit: etwa 45 Minuten, ohne Abkühlzeit)

1 Backblech (30 x 40 cm), weiche Butter oder Margarine, Backpapier, 1 eckiger Backrahmen

FÜR DEN RÜHRTEIG:

400 g	Weizenmehl
3 gestr. TL	Dr. Oetker Backin
250 g	weiche Butter oder Margarine
200 g	Zucker
1 Pck.	Dr. Oetker Vanillin-Zucker
1 Prise	Salz
4	Eier (Größe M)
100 ml	Milch

FÜR DEN DUNKLEN TEIG:

20 g	Kakaopulver
50 g	Raspelschokolade
2 EL	Milch
1 gestr. EL	Zucker

1. Das Backblech in den Ecken und der Mitte einfetten, mit Backpapaier belegen. Den Backrahmen auf das Backpapier stellen und zu einem Quadrat (25 x 25 cm) ausziehen. Den Backofen vorheizen.
2. Für den Teig Mehl und Backpulver in eine Schüssel geben und mit einem Schneebesen verrühren. Butter oder Margarine in eine Rührschüssel geben und mit Handrührgerät mit Rührbesen auf höchster Stufe geschmeidig rühren.
3. Nach und nach Zucker, Vanillin-Zucker und Salz unterrühren. So lange rühren, bis eine gebundene Masse entstanden ist. Eier nach und nach unterrühren (jedes Ei etwa ½ Minute). Mehlgemisch in 2 Portionen auf mittlerer Stufe unterrühren.
4. Die Hälfte des Teiges in den Backrahmen füllen und mit einem Löffel wellenartig verstreichen.
5. Für den dunklen Teig Kakao auf den restlichen Teig sieben, zusammen mit der Raspelschokolade, Milch und dem Zucker unterrühren. Den dunklen Teig auf den hellen Teig geben und glattstreichen. Das Backblech in den vorgeheizten Backofen schieben.

Ober-/Unterhitze: etwa 180 °C
Heißluft: etwa 160 °C
Backzeit: 40–45 Minuten.

6. Das Backblech auf einen Kuchenrost stellen. Nach etwa 10 Minuten den Backrahmen mit einem Messer vom Kuchenrand lösen und entfernen. Den Kuchen erkalten lassen.
7. Den Kuchen vom Backpapier lösen und auf eine eckige Tortenunterlage setzen. Kuchenränder abschneiden.

FÜR DIE DEKORATION

150 g	Zartbitter-Schokolade
150 g	Schlagsahne
1–2 EL	Puderzucker
etwa 12	Spaghetti oder Linguine

1. Die Schokolade hacken. Sahne in einem Topf erhitzen (nicht kochen). Den Topf von der Kochstelle nehmen, Schokolade hinzugeben, 1 Minute stehen lassen, dann mit einem Schneebesen glattrühren. Die Masse abkühlen lassen, bis sie zähflüssig ist, dann mit einem Teigschaber auf dem Kuchen verteilen. Den Schokoguss trocknen lassen.
2. Den Kuchen mit rohen Spaghetti oder Linguine gitterförmig belegen.
3. Den Kuchen mit Puderzucker bestäuben, Spaghetti und Linguine vorsichtig entfernen. Den Kuchen auf einen Kuchenteller setzen.

GUGELHUPF MIT SCHOKO-PISTAZIEN-SPIRALEN

1.

2.

3.

GUGELHUPF MIT SCHOKO-PISTAZIEN-SPIRALEN (Zubereitungszeit: etwa 70 Minuten, ohne Abkühlzeit)

1 Gugelhupfform (Ø 22 cm), weiche Butter oder Margarine zum Einfetten

FÜR DEN RÜHRTEIG:

1 Dose	Ananasstücke (Abtropfgewicht 140 g)
300 g	Weizenmehl
2 gestr. TL	Dr. Oetker Backin
200 g	Marzipan-Rohmasse
175 g	weiche Butter oder Margarine
175 g	Zucker
1 Pck.	Dr. Oetker Vanilin-Zucker
	Salz
3	Eier (Größe M)
3–4 EL	Milch

ZUM BESTÄUBEN:

1–2 EL	Puderzucker

1. Die Form einfetten. Den Backofen vorheizen.
2. Für den Teig Ananasstücke in einem Sieb abtropfen lassen. Mehl und Backpulver in eine Schüssel geben und mit einem Schneebesen verrühren.
3. Ananasstücke in sehr kleine Stücke schneiden. Marzipan in kleine Würfel schneiden oder auf der Haushaltsreibe raspeln und in eine Rührschüssel geben. Ein Drittel der Butter oder Margarine hinzufügen. Die Zutaten mit Handrührgerät mit Rührbesen zu einer möglichst glatten Masse verrühren. Restliche Butter oder Margarine hinzufügen und glattrühren.
4. Nach und nach Zucker, Vanillin-Zucker und Salz unterrühren. So lange rühren, bis eine gebundene Masse entstanden ist. Eier nach und nach unterrühren (jedes Ei etwa ½ Minute). Mehlgemisch in 2 Portionen im Wechsel mit der Milch unterrühren. Ananasstücke unterheben.
5. Den Teig in die Form füllen und glattstreichen. Die Form auf dem Rost in den vorgeheizten Backofen schieben.

Ober-/Unterhitze: etwa 180 °C
Heißluft: etwa 160 °C
Backzeit: 55–60 Minuten.

6. Die Form auf einen Kuchenrost stellen. Den Kuchen nach etwa 10 Minuten auf einen mit Backpapier belegten Kuchenrost stürzen. Den Kuchen erkalten lassen.
7. Den Kuchen mit Puderzucker bestäuben und auf eine Tortenplatte setzen.

FÜR DIE DEKORATION

100 g	Zartbitter-Kuvertüre
15 g	gemahlene Pistazienkerne
	Backpapier

1. Die Kuvertüre hacken. Ein Drittel davon in eine Metallschüssel geben. Einen kleinen Topf ⅓ hoch mit Wasser füllen. Die Schüssel in das Wasserbad setzen. Das Ganze bei schwacher Hitze erwärmen, bis die Kuvertüre unter gelegentlichem Rühren geschmolzen ist. Schüssel aus dem Wasserbad nehmen, restliche Kuvertüre unterrühren, erneut erwärmen.
2. Einen Bogen Backpapier auf eine glatte Unterlage legen. Mit einem Teelöffel 16 Spiralen auf das Backpapier träufeln. Etwas Kuvertüre zum Befestigen zurücklassen.
3. Pistazienkerne auf ein Stück Backpapier geben, als Streifen auf die Kuvertüre-Spiralen streuen. Trocknen lassen. Die Spiralen mit einem Messer vom Backpapier lösen. Einen Punkt Kuvertüre auf den Guglhupf geben, Spirale darauflegen, leicht andrücken. Restliche Spiralen auf die gleiche Weise befestigen.

HOCHZEITSTORTE MIT SPITZENMUSTER

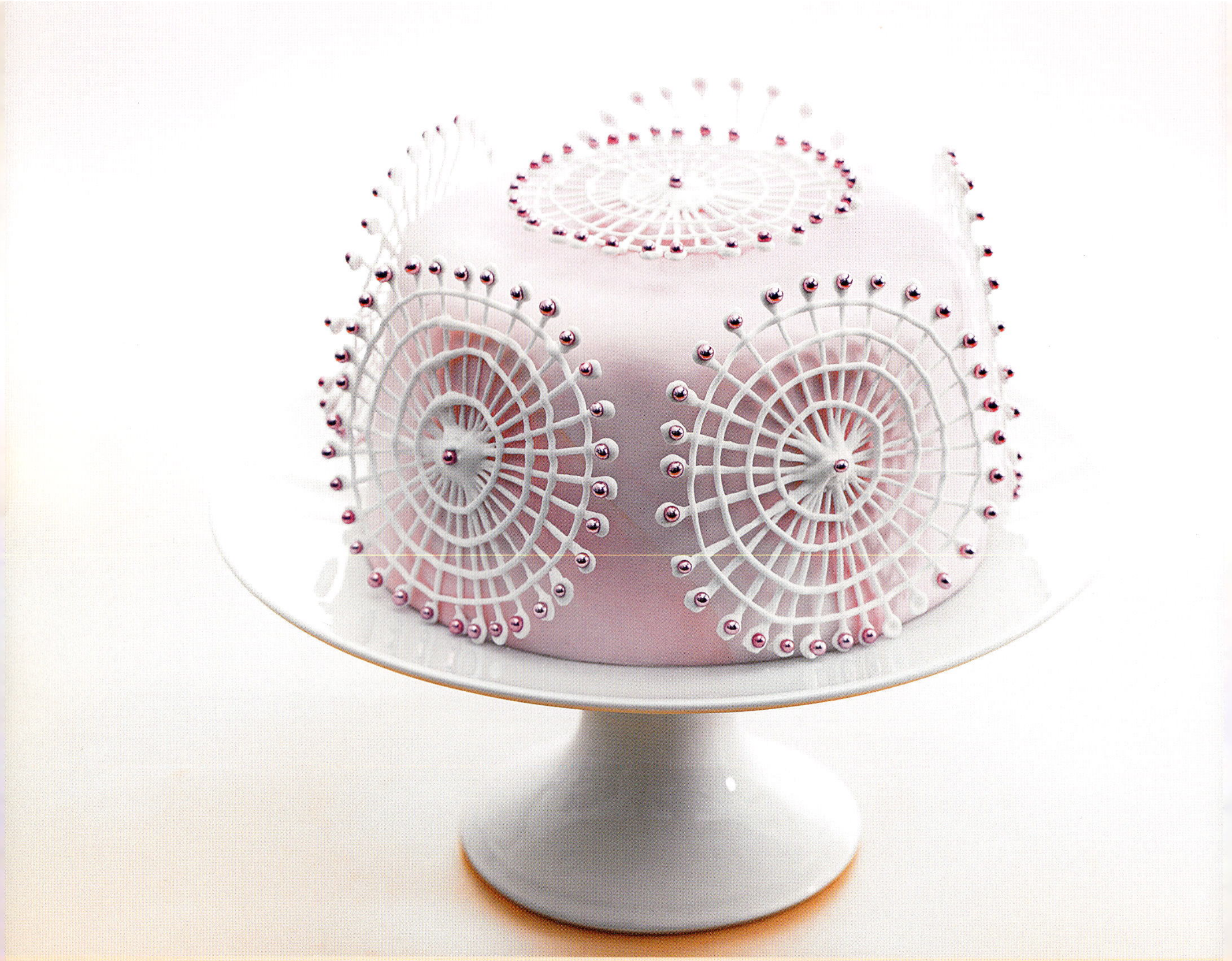

1.

2.

3.

HOCHZEITSTORTE MIT SPITZENMUSTER (Zubereitungszeit: etwa 100 Minuten, ohne Kühl- und Trockenzeit)

1 Springform (Ø 20 cm), Backpapier

FÜR DEN BISKUITTEIG:

120 g	Weizenmehl
1 gestr. TL	Dr. Oetker Backin
30 g	Speisestärke
3	Eier (Größe M)
2 EL	heißes Wasser
120 g	Zucker
1 Pck.	Dr. Oetker Vanillin-Zucker
	Salz

ZUM BESTREICHEN:

150 g	Aprikosenkonfitüre
3 EL	Orangenlikör, z. B. Cointreau
125 g	weiche Butter
200 g	Puderzucker
1–2 EL	Zitronensaft

ZUM EINKLEIDEN:

500 g	Rollfondant
einige Tropfen	rote Speisefarbe

1. Einen Bogen Backpapier auf den Boden der Springform legen und mit dem Springformrand straff einspannen. Den Backofen vorheizen.
2. Für den Teig Mehl, Backpulver und Speisestärke in eine Schüssel geben, mit einem Schneebesen verrühren.
3. Eier in eine Rührschüssel geben. Wasser hinzufügen und mit Handrührgerät mit Rührbesen auf höchster Stufe in etwa 1 Minute schaumig schlagen.
4. Zucker, Vanillin-Zucker und Salz in 1 Minute unter Rühren einstreuen, dann noch etwa 2 Minuten auf höchster Stufe schlagen.
5. Das Mehlgemisch nach und nach auf die Eiercreme streuen und kurz auf niedrigster Stufe unterrühren. Den Teig in die Form füllen und glattstreichen. Die Form auf dem Rost in den vorgeheizten Backofen schieben.

Ober-/Unterhitze: etwa 180 °C
Heißluft: etwa 160 °C
Backzeit: 30–40 Minuten.

6. Die Form auf einen Kuchenrost stellen. Den Biskuitboden nach etwa 10 Minuten mit einem Messer aus der Form lösen und auf einen mit Backpapier belegten Kuchenrost stürzen. Mitgebackenes Backpapier abziehen. Kuchen mindestens 2 Stunden erkalten lassen.
7. Zum Bestreichen Aprikosenkonfitüre mit Likör verrühren. Butter zu einer weißen Creme aufschlagen. Puderzucker nach und nach unterrühren. Zitronensaft hinzufügen. Die Hälfte der Buttercreme beiseitestellen.
8. Den Biskuitboden zweimal waagerecht durchschneiden. Die beiden unteren Böden zuerst mit der Konfitüremasse, dann mit der Buttercreme bestreichen. Die Biskuittorte wieder zusammensetzen und mit der restlichen Buttercreme rundherum einstreichen. Die Torte etwa 30 Minuten kühl stellen.
9. Zum Einkleiden ein Drittel des Fondants abnehmen und mit etwas Speisefarbe verkneten. Restlichen Fondant unterarbeiten, so dass ein Marmormuster entsteht.
10. Die Arbeitsfläche mit Puderzucker bestäuben, den Fondant darauf zu einer runden Platte (etwa Ø 32 cm) ausrollen. Den Fondant während des Ausrollens immer wieder mit einer Palette von der Arbeitsfläche lösen, umdrehen und mit Puderzucker bestäuben.
11. Die Oberfläche des Fondants dünn mit Puderzucker bestäuben, den Teig mit einer Palette lösen, aufrollen und über der Torte wieder abrollen. Den Fondant rundherum an die Torte drücken. Überstehenden Fondant abschneiden.

FÜR DIE DEKORATION

200 g	gesiebter Puderzucker
1	Eiweiß (Größe M)
	rosa Zuckerperlen

1. Sechs Ringe (Ø je 9 cm) auf Backpapier zeichnen, in jeden Ring noch je 3 kleinere Ringe, dann von der Mitte nach außen strahlenförmig Streifen zeichnen. Backpapier wenden. Puderzucker nach und nach unter das Eiweiß rühren, bis ein zähfließender Guss entstanden ist. Guss in eine Papierspritztüte füllen, Spitze abschneiden. Die vorgezeichneten Streifen aufspritzen.
2. Danach die Ringe aufspritzen. Dabei die Spritztüte mit etwas Abstand zum Ornament halten, um den Guss leichter in die gewünschte Form zu bringen. An die Enden der Streifen je einen kleinen Tupfen spritzen. Etwas Guss zum Befestigen der Ornamente zurücklassen, in einen Gefrierbeutel füllen. Beutel verschließen.
3. Tupfen mit je 1 Perle belegen (evtl. mit Pinzette). Die Spitzenornamente über Nacht trocknen lassen. Etwas Guss auf die Rückseite jedes Ornamentes geben. Ornamente vorsichtig an und auf die Torte drücken.

TRAUM IN ROSA

TRAUM IN ROSA (Zubereitungszeit: etwa 80 Minuten, ohne Abkühl- und Trockenzeit)

1 Springform (Ø 26 cm), Backpapier

FÜR DEN RÜHRTEIG:

250 g	weiche Butter
200 g	Zucker
1 Pck.	Dr. Oetker Bourbon-Vanille-Zucker
6	Eier (Größe M)
400 g	Weizenmehl
3 gestr. TL	Dr. Oetker Backin
2 gestr. TL	Dr. Oetker Finesse Geriebene Zitronenschale
125 ml (⅛ l)	Orangensaft

125 ml (⅛ l)	Orangensaft
150 g	Sauerkirschkonfitüre

AUSSERDEM:

Backpapier, etwas größer als die Springform

1. Die Springform öffnen, Backpapier auf den Formboden legen und mit dem Springformrand straff einspannen. Den Backofen vorheizen.
2. Für den Teig Butter in eine Rührschüssel geben und mit Handrührgerät mit Rührbesen auf höchster Stufe geschmeidig rühren. Nach und nach Zucker und Vanille-Zucker unterrühren. So lange rühren, bis eine geschmeidige Masse entstanden ist.
3. Eier nach und nach unterrühren (jedes Ei etwa ½ Minute). Mehl, Backpulver und Zitronenschale in einer Schüssel mit einem Schneebesen verrühren und in 2 Portionen, abwechselnd mit dem Orangensaft unter die Butter-Eier-Masse rühren.
4. Den Teig in die Form füllen und glattstreichen. Die Form auf dem Rost in den vorgeheizten Backofen schieben.

Ober-/Unterhitze: etwa 180 °C
Heißluft: etwa 160 °C
Backzeit: 50–60 Minuten.

5. Die Form auf einen Kuchenrost setzen. Den Kuchen nach etwa 10 Minuten mit einem Messer aus der Form lösen. Den Kuchen mit dem Backpapier auf den Kuchenrost ziehen und mindestens 2 Stunden erkalten lassen. Das mitgebackene Backpapier abziehen und den Kuchen auf eine Tortenunterlage setzen.
6. Den Kuchen mit einem Sägemesser in der Mitte waagerecht durchschneiden. Die Schnittflächen mit Orangensaft beträufeln. Den Saft etwa 5 Minuten einziehen lassen.
7. Die Kirschkonfitüre durchrühren und auf die untere Kuchenhälfte streichen. Den Kuchen wieder zusammensetzen.

FÜR DIE DEKORATION

4 EL	Aprikosenkonfitüre
1 EL	Zucker
1 EL	Wasser
250 g	gesiebter Puderzucker
1	Eiweiß (Größe M)
2–3 EL	Zitronensaft
	rote Speisefarbe
	rosa Zuckerperlen

1. Konfitüre, Zucker und Wasser in einem Topf verrühren, aufkochen, durch ein Sieb streichen. Den Kuchen rundherum mit der Glasur bestreichen. Antrocknen lassen.
2. Puderzucker und Eiweiß zu einem glatten Guss verrühren. Zitronensaft durch ein Sieb gießen. Soviel Zitronensaft unter den Guss rühren, dass er sich gut verstreichen lässt.
3. Ein Drittel der Glasur mit Speisefarbe rot färben. Den Kuchen auf einen Kuchenrost setzen.
4. Die weiße Glasur auf den Kuchen streichen. Die rote Glasur mit einem Teelöffel auf den feuchten Guss träufeln und Muster ziehen. Den Kuchen auf eine Platte setzen. Zuckerperlen an den unteren Tortenrand setzen. Den Guss trocknen lassen.

SANDTORTE MIT BLÜTENMOTIV

1.

2.

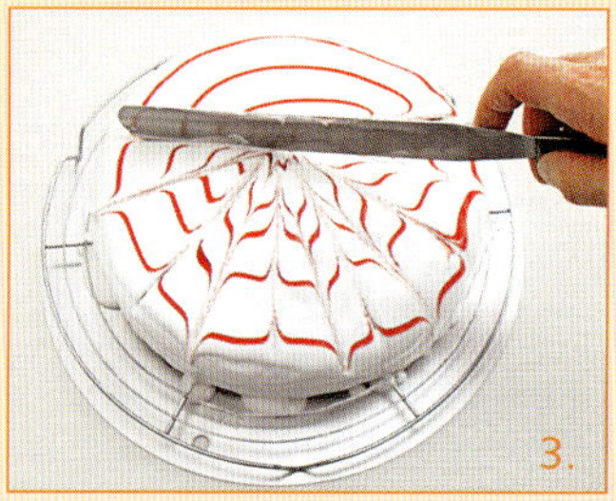

3.

SANDTORTE MIT BLÜTENMOTIV (Zubereitungszeit: etwa 90 Minuten, ohne Kühlzeit)

1 Springform (Ø 26 cm), Backpapier

FÜR DEN RÜHRTEIG:

200 g	Butter
270 g	Weizenmehl
30 g	Speisestärke
3 gestr. TL	Dr. Oetker Backin
170 g	Zucker
1 Pck.	Dr. Oetker Vanillin-Zucker
1 Prise	Salz
3	Eier (Größe M)
4 EL	Milch

FÜR DIE FÜLLUNG UND ZUM BESTREICHEN:

200 g	Himbeerkonfitüre
2 EL	Wasser

1. Einen Bogen Backpapier auf den Boden der Springform legen und mit dem Springformrand straff einspannen.
2. Für den Teig Butter in einem Topf bei mittlerer Hitze zerlassen und leicht bräunen. Topf von der Kochstelle nehmen, Butter abkühlen lassen, in eine Rührschüssel geben und kühl stellen, bis sie wieder fast fest geworden ist. Den Backofen vorheizen.
3. Mehl, Speisestärke und Backpulver in eine Schüssel geben und mit einem Schneebesen verrühren.
4. Gebräunte Butter mit Handrührgerät mit Rührbesen auf höchster Stufe geschmeidig rühren. Nach und nach Zucker, Vanillin-Zucker und Salz unterrühren. So lange rühren, bis eine gebundene Masse entstanden ist. Eier nach und nach unterrühren (jedes Ei etwa ½ Minute).
5. Das Mehlgemisch im Wechsel mit der Milch in jeweils 2 Portionen auf mittlerer Stufe unterrühren. Den Teig in die Form füllen und glattstreichen. Die Form auf dem Rost in den vorgeheizten Backofen schieben.

Ober-/Unterhitze: etwa 180 °C
Heißluft: etwa 160 °C
Backzeit: 40–50 Minuten.

6. Die Form auf einen Kuchenrost stellen. Nach etwa 10 Minuten den Springformrand mit einem Messer lösen und entfernen. Die Sandtorte mit dem Backpapier auf einen Kuchenrost ziehen und erkalten lassen.
7. Das Backpapier abziehen. Die Sandtorte mit einem Sägemesser einmal waagerecht durchschneiden.
8. Für die Füllung und zum Bestreichen Konfitüre und Wasser in einem kleinen Topf unter Rühren aufkochen und anschließend durch ein Sieb streichen. Die Hälfte der Konfitüremasse auf den unteren Boden der Sandtorte streichen und mit dem oberen Boden belegen. Die Sandtorte rundherum mit der restlichen Konfitüre einstreichen.

FÜR DIE DEKORATION

FÜR DEN GUSS:

1	Eiweiß (Größe M)
250 g	gesiebter Puderzucker
1–2 EL	Zitronensaft
50 g	Himbeerkonfitüre

1. Für den Guss Eiweiß, Puderzucker und Zitronensaft mit einem Löffel zu einem dickflüssigen Guss verrühren. Die Sandtorte auf einen Kuchenrost legen. Den Guss mit einem Löffel auftragen.
2. Für das rote Muster Konfitüre in einem kleinen Topf kurz aufkochen, anschließend durch ein Sieb streichen und in eine Papier-Spritztüte füllen. Eine Spirale auf den feuchten Puderzuckerguss spritzen.
3. Mit einem Messer abwechselnd von innen nach außen und von außen nach innen Streifen in den weißen Guss ziehen. Guss trocknen lassen.

GUGELHUPF MIT SCHOKOLINSEN

GUGELHUPF MIT SCHOKOLINSEN (Zubereitungszeit: etwa 50 Minuten, ohne Abkühlzeit)

1 Gugelhupfform (Ø 22 cm), weiche Butter oder Margarine zum Einfetten

FÜR DEN ALL-IN-TEIG:

200 g	Butter oder Margarine
300 g	Weizenmehl
4 gestr. TL	Dr. Oetker Backin
1 Prise	Salz
100 g	Zucker
5	Eier (Größe M)
150 g	Nuss-Nougat-Creme
70 ml	Milch
100 g	Haselnusskrokant

1. Die Gugelhupfform einfetten. Den Backofen vorheizen.

2. Für den Teig Butter oder Margarine zerlassen und abkühlen lassen. Mehl, Backpulver und Salz in eine Rührschüssel geben und mit einem Schneebesen verrühren. Zucker, Eier, Nuss-Nougat-Creme, Milch und abgekühlte Butter oder Margarine hinzufügen.

3. Die Zutaten mit Handrührgerät mit Rührbesen zunächst kurz auf niedrigster, dann auf höchster Stufe in etwa 1 Minute zu einem glatten Teig verarbeiten. Krokant kurz unterrühren. Den Teig in die Form füllen und glattstreichen. Die Form auf dem Rost in den vorgeheizten Backofen schieben.

Ober-/Unterhitze: etwa 180 °C
Heißluft: etwa 160 °C
Backzeit: 40–50 Minuten.

4. Die Form auf einen Kuchenrost stellen. Den Kuchen nach etwa 10 Minuten aus der Form auf einen mit Backpapier belegten Kuchenrost stürzen. Kuchen erkalten lassen.

FÜR DIE DEKORATION

ZUM BESTREICHEN:

150 g	Aprikosenkonfitüre
je 1 EL	Wasser, 1 EL Zucker

FÜR DEN GUSS:

250 g	gesiebter Puderzucker
4–5 EL	gesiebter Zitronensaft
	grüne Speisefarbe
	Schokolinsen

1. Zum Bestreichen den Gugelhupf auf einen Kuchenrost setzen. Konfitüre, Wasser und Zucker in einem kleinen Topf kurz aufkochen, durch ein Sieb streichen. Den Gugelhupf rundherum mit der Konfitüremasse bestreichen.

2. Für den Guss Puderzucker und Zitronensaft mit einem Löffel zu einem glatten Guss verühren. Etwa zwei Drittel davon mit einem Löffel auf den Kuchen geben. Abgetropften Guss mit einem Messer oder einer kleinen Palette auf die noch freien Stellen geben. Restlichen Guss mit Speisefarbe grün färben und als Streifen auf den weißen Guss geben.

3. Schokolinsen auf den feuchten Guss kleben. Guss trocknen lassen.

STREUBLÜMCHEN-SCHOKOKUCHEN

STREUBLÜMCHEN-SCHOKOKUCHEN (Zubereitungszeit: etwa 130 Minuten, ohne Kühlzeit)

1 Backblech (30 x 40 cm), weiche Butter oder Margarine, Backpapier

FÜR DEN TEIG:

200 g	getrocknete Aprikosen
100 ml	Apfelsaft
70 g	Weizenmehl
1 gestr. TL	Dr. Oetker Backin
5	Eier (Größe M)
1 EL	heißes Wasser
250 g	Zucker
1 Pck.	Dr. Oetker Bourbon-Vanille-Zucker
1 Prise	Salz
300 g	gemahlene Haselnusskerne

ZUM FÜLLEN UND BESTREICHEN:

200 g	Aprikosenkonfitüre
2 EL	Wasser

ZUM ÜBERZIEHEN:

200 g	Marzipan-Rohmasse
100 g	gesiebter Puderzucker
200 g	Edelbitter-Schokolade (mindestens 50 % Kakao)
2 TL	Speiseöl z. B. Sonnenblumenöl

1. Für den Teig Aprikosen in kleine Würfel (2 x 2 mm) schneiden. Apfelsaft kurz aufkochen, über die Aprikosenwürfel gießen, quellen lassen, bis die Flüssigkeit aufgesogen ist. Erkalten lassen.
2. Das Backblech in den Ecken und der Mitte einfetten, mit Backpapier belegen. Backofen vorheizen. Mehl und Backpulver in eine Schüssel geben, mit einem Schneebesen verrühren.
3. Eier und Wasser mit Handrührgerät mit Rührbesen auf höchster Stufe in 1 Minute schaumig schlagen. Zucker, Vanille-Zucker und Salz in 1 Minute unter Rühren einstreuen, etwa 4 Minuten schlagen, bis eine stabile, schaumige Masse entstanden ist.
4. Mehlgemisch auf niedrigster Stufe kurz unterrühren. Nusskerne mit Aprikosenwürfeln mischen, mit dem Teigschaber unter den Teig ziehen, auf das Backblech geben, glattstreichen. Das Backblech in den vorgeheizten Backofen schieben.

Ober-/Unterhitze: etwa 180 °C
Heißluft: etwa 160 °C
Backzeit: etwa 45 Minuten.

5. Das Backblech auf einen Kuchenrost stellen. Nach etwa 10 Minuten den Boden mit einem Messer vom Rand lösen und auf einen mit Backpapier belegten Kuchenrost stürzen. Mitgebackenes Backpapier abziehen. Tortenboden erkalten lassen.
6. Aus dem Tortenboden 2 Quadrate (20 x 20 cm) und 1 Streifen (10 x 40 cm) schneiden. Den Streifen nochmals quer durchschneiden.
7. Zum Füllen und Bestreichen Konfitüre und Wasser aufkochen, durch ein Sieb streichen. Ein Quadrat auf eine Tortenunterlage setzen, mit etwas Konfitüre bestreichen. Den halbierten Streifen zum Quadrat zusammensetzen, darauflegen, mit Konfitüre bestreichen, mit dem letzten Quadrat belegen. Die Torte rundherum mit der restlichen Konfitüre einstreichen, etwas trocknen lassen.
8. Zum Überziehen Marzipan und Puderzucker verkneten. Die Arbeitsfläche mit Puderzucker bestäuben. Ein Drittel des Marzipans zu einem Quadrat (etwa 20 x 20 cm) ausrollen, auf die Tortenoberfläche legen. Restliches Marzipan zu einem Streifen (etwa 8 x 80 cm) ausrollen, aufrollen, am Tortenrand wieder abrollen, leicht andrücken. Schnittstellen mit einem Messer glätten.
9. Schokolade in Stücke brechen, mit Öl in eine Metallschüssel geben. Einen kleinen Topf ⅓ hoch mit Wasser füllen, die Schüssel in das Wasserbad setzen. Das Ganze bei schwacher Hitze erwärmen, bis die Schokolade unter gelegentlichem Rühren geschmolzen ist. Die Schüssel aus dem Wasserbad nehmen.
10. Die Torte auf einen Kuchenrost setzen und mit Schokolade überziehen.

FÜR DIE DEKORATION

FÜR DIE STREUBLÜMCHEN:

1	Eiweiß (Größe M)
1 Spritzer	Zitronensaft
200 g	gesiebter Puderzucker gelbe, orange und rote Speisefarbe

1. Eiweiß und Zitronensaft mit Handrührgerät mit Rührbesen steifschlagen. Puderzucker nach und nach in etwa 2 Minuten unter den Eischnee schlagen. Drei Viertel des Gusses gelb einfärben. Restlichen Guss halbieren. Eine Hälfte rot und die zweite Hälfte orange einfärben. Den gelben Guss in zwei Spritzbeuteln mit Tülle Nr. 96 + 131 füllen. Roten und orangefarbenen Guss jeweils in eine Papierspritztüte füllen.
2. Aus dem gelben Guss Blüten auf ein mit Backpapier belegtes Backblech spritzen.
3. In die Mitte der Blüten rote oder orangefarbene Punkte spritzen. Die Blüten trocknen lassen.
4. Die Blüten mit einem Messer oder einer Palette auf den fast trockenen Schokoladenüberzug setzen.

SCHOKO-KIRSCH-BERG

1.

2.

3.

SCHOKO-KIRSCH-BERG (Zubereitungszeit: etwa 90 Minuten, ohne Kühlzeit)

1 Springform (Ø 26 cm), Backpapier

FÜR DEN RÜHRTEIG:

150 g	Zartbitter-Schokolade (50 % Kakao)
150 g	Weizenmehl
50 g	Speisestärke
2 gestr. TL	Dr. Oetker Backin
15 g	Kakaopulver
150 g	weiche Butter oder Margarine
150 g	Zucker
1 Pck.	Dr. Oetker Vanillin-Zucker
1 Prise	Salz
5	Eier (Größe M)

FÜR DIE FÜLLUNG UND DEN BELAG:

2 Gläser	Sauerkirschen (Abtropfgewicht je 350 g)
1 Pck.	Tortenguss, klar
2 EL	Zucker
125 ml (⅛ l)	Kirschsaft (aus den Gläsern)
125 ml (⅛ l)	Wasser
600 g	Schlagsahne
4 EL (40 g)	gesiebter Puderzucker
2 Pck.	Dr. Oetker Sahnesteif

1. Für den Teig Schokolade in Stücke brechen, in eine Metallschüssel geben. Einen kleinen Topf ein Drittel hoch mit Wasser füllen. Schüssel in das Wasserbad setzen.
2. Das Ganze bei schwacher Hitze erwärmen, bis die Schokolade unter gelegentlichem Rühren geschmolzen ist. Die Schüssel aus dem Wasserbad nehmen, Schokolade abkühlen lassen.
3. Den Backofen vorheizen. Einen Bogen Backpapier auf den Boden der Springform legen und mit dem Springformrand straff einspannen.
4. Mehl, Speisestärke und Backpulver in eine Schüssel geben, Kakao darübersieben. Zutaten mit einem Schneebesen verrühren.
5. Butter oder Margarine in eine Rührschüssel geben und mit Handrührgerät mit Rührbesen auf höchster Stufe geschmeidig rühren. Zucker, Vanillin-Zucker und Salz nach und nach unterrühren. So lange rühren, bis eine gebundene Masse entstanden ist. Eier nach und nach unterrühren (jedes Ei etwa ½ Minute).
6. Mehlgemisch in 2 Portionen unter den Teig rühren. Den Teig in die Form füllen und glattstreichen. Die Form auf dem Rost in den vorgeheizten Backofen schieben.

Ober-/Unterhitze: etwa 200 °C
Heißluft: etwa 180 °C
Backzeit: 40–45 Minuten.

7. Form auf einen Kuchenrost stellen. Nach etwa 10 Minuten den Springformrand mit einem Messer lösen und entfernen. Kuchen mit dem Backpapier auf den Kuchenrost ziehen, erkalten lassen. Mitgebackenes Backpapier abziehen. Den Kuchen zweimal waagerecht durchschneiden.
8. Für Füllung und Belag Kirschen in einem Sieb abtropfen lassen, Saft dabei auffangen und 125 ml (⅛ l) abmessen. Für die Dekoration 200 g Kirschen kühl stellen.
9. Aus Tortengusspulver, Zucker, abgemessenem Saft und Wasser einen Tortenguss nach Packungsanleitung zubereiten. Die Kirschen mit dem heißen Tortenguss vermengen. Jeweils die Hälfte der Kirschmasse in die Mitte des unteren und mittleren Tortenbodens geben, so dass um die Kirschen herum ein jeweils 3–4 cm breiter Rand frei bleibt. Beide Tortenböden etwa 30 Minuten kühl stellen.
10. Sahne mit Puderzucker und Sahnesteif steifschlagen und in 3 gleich große Portionen teilen. Jeweils 1 Portion Sahne auf den frei gelassenen Rand der beiden unteren Tortenböden streichen. Die beiden unteren Tortenböden aufeinandersetzen. Mit dem oberen Tortenboden belegen.
11. Restliche Sahne auf den oberen Tortenboden geben, so dass ein 1–2 cm breiter Rand frei bleibt. Die Torte bis zum Dekorieren kühl stellen.

FÜR DIE DEKORATION

1 großes Stück (etwa 100 g)	Halbbitter-Kuvertüre
200 g	Sauerkirschen (beiseite gestellte Kirschen von der Füllung)
2 EL (50 g)	Sauerkirschkonfitüre

1. Damit die Torte höher steht, die Tortenplatte oder -unterlage auf einen Tortenständer mit Fuß oder auf einen stabilen Ring stellen.
2. Die Kuvertüre über die Torte halten, mit einem Messer Späne abschaben und auf die obere Sahneschicht fallen lassen, dabei die Torte immer wieder drehen.
3. Konfitüre in einem kleinen Topf unter Rühren kräftig aufkochen, Kirschen hineingeben und darin wenden. Den Topf von der Kochstelle nehmen. Kirschen abkühlen lassen. Die Kirschen mit einem Löffel als Häufchen auf die Torte geben.

ORANGENTORTE MIT SPITZEN-ORNAMENTEN

1.

2.

ORANGENTORTE (Zubereitungszeit: etwa 120 Minuten, ohne Kühlzeit)

1 Backblech (30 x 40 cm), weiche Butter oder Margarine, Backpapier

FÜR DEN ALL-IN-TEIG:

200 g	Zartbitter-Schokolade (50 % Kakao)
250 g	Butter oder Margarine
300 g	Weizenmehl
50 g	Speisestärke
3 gestr. TL	Dr. Oetker Backin
20 g	Kakaopulver
150 g	Zucker
1 Pck.	Dr. Oetker Finesse Orangenfrucht
4	Eier (Größe M)
70 ml	Milch

Zum Beträufeln:

150 ml	Orangensaft

Zum Füllen und Bestreichen:

600 g	Schlagsahne
4 EL (40 g)	gesiebter Puderzucker
2 Pck.	Dr. Oetker Sahnesteif

1. Für den Teig Schokolade hacken. Butter oder Margarine in einem Topf zerlassen. Den Topf von der Kochstelle nehmen, Schokolade hineingeben und unter Rühren schmelzen.
2. Das Backblech in den Ecken und der Mitte einfetten und mit Backpapier belegen. Den Backofen vorheizen.
3. Mehl, Speisestärke und Backpulver in eine Rührschüssel geben, Kakao darübersieben, mit einem Schneebesen verrühren.
4. Zucker, Orangenfrucht, Eier und Milch hinzufügen. Die Zutaten mit Handrührgerät mit Rührbesen auf mittlerer Stufe in etwa 1 Minute zu einem glatten Teig verrühren. Den Teig auf das Backblech streichen. Das Backblech in den vorgeheizten Backofen schieben.

Ober-/Unterhitze: etwa 180 °C
Heißluft: etwa 160 °C
Backzeit: 25–30 Minuten.

5. Das Backblech auf einen Kuchenrost stellen. Nach etwa 10 Minuten das Gebäck mit einem Messer vom Backblechrand lösen. Das Gebäck auf einen mit Backpapier belegten Kuchenrost stürzen, mitgebackenes Backpapier abziehen. Das Gebäck mindestens 2 Stunden erkalten lassen.
6. Aus dem Gebäck 2 Quadrate (etwa 20 x 20 cm) und 1 Streifen (etwa 10 x 40 cm) schneiden. Den Streifen in der Mitte quer durchschneiden. Alle Gebäckstücke auf der glatten Seite mit Orangensaft beträufeln.
7. Zum Füllen und Bestreichen Sahne mit Puderzucker und Sahnesteif steifschlagen. Die Hälfte der Sahne kühl stellen. Die restliche Sahne in 2 gleich große Portionen teilen. Eine Portion Sahne auf ein Gebäckquadrat streichen, den halbierten Gebäckstreifen zum Quadrat darauflegen, mit der zweiten Portion Sahne bestreichen und mit dem letzten Gebäckquadrat belegen.
8. Die Torte mit der kühl gestellten Sahne rundherum einstreichen. Die Torte kühl stellen.

FÜR DIE DEKORATION

100 g	Zartbitter-Kuvertüre
1–2 Tropfen	brauner Rum

1. (Phase 1) Auf ein Stück Papier die Umrisse für die Ornamente zeichnen. 6 Kreise (Ø etwa 7 cm), 4 Rechtecke (etwa 20 x 4 cm). Ein entsprechend großes Stück Pergamentpapier darüberlegen.
2. Kuvertüre hacken, die Hälfte davon in eine Metallschüssel geben. Einen kleinen Topf ein Drittel hoch mit Wasser füllen. Schüssel in das Wasserbad setzen. Kuvertüre bei schwacher Hitze erwärmen, bis sie unter gelegentlichem Rühren geschmolzen ist. Restliche Kuvertüre dazugeben und schmelzen lassen. Schüssel aus dem Wasserbad nehmen, Kuvertüre abkühlen lassen.
3. Rum unter die Kuvertüre rühren. Kuvertüre in eine Papierspritztüte füllen. In die vorgezeichneten Umrisse dicht an dicht wellenartige Linien zeichnen. Ornamente trocknen lassen.
4. (Phase 2) Die Ornamente mit einer Palette auf die Torte setzen.

LIMETTENKUCHEN MIT SCHOKORAND UND BAISERHAUBE

1.

2.

3.

4.

LIMETTENKUCHEN (Zubereitungszeit: etwa 90 Minuten, ohne Abkühlzeit)

1 Springform (Ø 20 cm), Backpapier

FÜR DEN RÜHRTEIG:

1	Bio-Limette (unbehandelt, ungewachst)
200 g	Weizenmehl
3 gestr. TL	Dr. Oetker Backin
70 g	Speisestärke
250 g	weiche Butter oder Margarine
160 g	Zucker
1 Msp.	Salz
4	Eier (Größe M)
5 EL	Limettensirup (fertig gekauft, Grundstoff 1+8)
2 EL	Limettensaft
etwa 80 ml	Wasser

ZUM BESTREICHEN:

5 EL	Zitronen- oder Limettenmarmelade

FÜR DAS BAISER:

4	Eiweiß (Größe M)
1 TL	Limettensaft
150 g	Zucker
100 g	Puderzucker

1. Einen Bogen Backpapier auf den Boden der Springform legen und mit dem Springformrand straff einspannen. Den Backofen vorheizen.
2. Für den Teig Limette heiß abwaschen und trocken tupfen. Die Limettenschale auf der Haushaltsreibe dünn abreiben. Limette auspressen, den Saft auffangen. Mehl, Backpulver und Speisestärke in eine Schüssel geben und mit einem Schneebesen verrühren.
3. Butter oder Margarine in eine Rührschüssel geben und mit Handrührgerät mit Rührbesen auf höchster Stufe geschmeidig rühren. Zucker und Salz nach und nach unterrühren. So lange rühren, bis eine gebundene Masse entstanden ist. Limettenschale unterrühren. Die Eier nach und nach unterrühren (jedes Ei etwa ½ Minute). Mehlgemisch in 2 Portionen unterrühren.
4. Den Teig in die Form füllen und glattstreichen. Die Form auf dem Rost in den vorgeheizten Backofen schieben.

Ober-/Unterhitze: etwa 180 °C
Heißluft: etwa 160 °C
Backzeit: 45–55 Minuten.

5. Die Form auf einen Kuchenrost stellen. Den Kuchen mit einem Schaschlikspieß dicht an dicht einstechen. Limettensirup und 2 Esslöffel Limettensaft in einen Messbecher geben, mit Wasser auf 150 ml auffüllen. Flüssigkeit verrühren und auf den heißen Kuchen träufeln. Den Kuchen in der Form auf dem Kuchenrost erkalten lassen.
6. Den Kuchen mit einem Messer vorsichtig aus der Form lösen, mitgebackenes Backpapier abziehen. Den Kuchen mit einem Sägemesser waagerecht in der Mitte durchschneiden. 3 Esslöffel der Zitronen- oder Limettenmarmelade auf den unteren Gebäckboden streichen. Gebäckböden wieder aufeinanderlegen und den Kuchen auf ein Backblech setzen.
7. Für das Baiser Eiweiß und Limettensaft in eine Rührschüssel geben und mit Handrührgerät mit Rührbesen steifschlagen. Zucker unter Rühren nach und nach einrieseln lassen, etwa 4 Minuten weiterschlagen, bis das Eiweiß sehr fest ist und glänzt. Backofengrill vorheizen.
8. Puderzucker auf den Eischnee sieben und kurz unterrühren. Baiser auf den Kuchen geben, mit einem Löffel Wellen formen. Den Rand des Baisers mit einem Messer glätten. Kuchen unter den vorgeheizten Grill schieben. Baiser so lange grillen, bis die Spitzen braun sind (etwa 2 Minuten). Erkalten lassen.
9. Den Kuchen auf eine Tortenunterlage heben. Restliche Zitronen- oder Limettenmarmelade auf den Kuchenrand (nicht auf das Baiser) streichen.

FÜR DEN SCHOKORAND

100 g	Zartbitter-Kuvertüre
1 Streifen	Backpapier, etwa 65 x 8 cm

1. (Phase 1) Den Backpapierstreifen vorbereiten.
2. Die Kuvertüre hacken. Ein Drittel in eine Metallschüssel geben. Einen kleinen Topf ein Drittel hoch mit Wasser füllen, die Schüssel hineinsetzen. Die Hälfte der Kuvertüre darin bei schwacher Hitze erwärmen, bis sie geschmolzen ist. Restliche Kuvertüre unterrühren und schmelzen lassen.
3. (Phase 2) Schüssel aus dem Wasserbad nehmen. Kuvertüre mit einem Löffel oder Teigschaber auf das Backpapier streichen. Kuvertüre leicht antrocknen lassen.
4. (Phase 3) Bestrichenes Backpapier mit der Kuvertüreseite nach innen um den Kuchen legen und leicht andrücken. Kuvertüre fest werden lassen.
5. (Phase 4) Das Backpapier vorsichtig abziehen. Limettenkuchen auf eine Tortenplatte setzen.

SCHOKOLADENBLÄTTER-TORTE

SCHOKOLADENBLÄTTER-TORTE (Zubereitungszeit: etwa 120 Minuten, ohne Kühlzeit)

1 Springform (Ø 20 cm), weiche Butter oder Margarine zum Einfetten

FÜR DEN RÜHRTEIG:

270 g	Weizenmehl
3 gestr. TL	Dr. Oetker Backin
50 g	Kakaopulver
250 g	weiche Butter oder Margarine
200 g	Zucker
1 Pck.	Dr. Oetker Vanillin-Zucker
1 Prise	Salz
6	Eier (Größe M)
100 g	Zartbitter-Raspelschokolade

ZUM FÜLLEN UND BESTREICHEN:

400 g	Zartbitter-Schokolade (50 % Kakao)
400 g	Schlagsahne

ZUM BESTÄUBEN:

Kakaopulver

1. Den Boden der Form einfetten. Den Backofen vorheizen.
2. Für den Teig Mehl und Backpulver in eine Schüssel geben. Kakao darübersieben und mit einem Schneebesen verrühren.
3. Butter oder Margarine in eine Rührschüssel geben und mit Handrührgerät mit Rührbesen geschmeidig rühren. Nach und nach Zucker, Vanillin-Zucker und Salz unterrühren. So lange rühren, bis eine gebundene Masse entstanden ist. Eier nach und nach unterrühren (jedes Ei etwa ½ Minute). Mehlgemisch in 2 Portionen auf mittlerer Stufe unterrühren. Raspelschokolade unterheben.
4. Den Teig in die Form füllen und glattstreichen. Die Form auf dem Rost in den vorgeheizten Backofen schieben.

Ober-/Unterhitze: etwa 180 °C
Heißluft: etwa 160 °C
Backzeit: 30–35 Minuten.

5. Die Form auf einen Kuchenrost stellen. Nach etwa 10 Minuten den Springformrand mit einem Messer lösen. Den Tortenboden auf einen mit Backpapier belegten Kuchenrost stürzen, wieder umdrehen und erkalten lassen.
6. Für die Füllung und zum Bestreichen Schokolade hacken. Sahne erhitzen, nicht kochen lassen. Topf von der Kochstelle nehmen. Schokolade in die Sahne geben, 1 Minute stehen lassen. Mit einem Schneebesen verrühren, bis eine glatte Masse entstanden ist. Abkühlen lassen. Die Hälfte der Masse kühl stellen, bis sie fast fest geworden ist.
7. Den Tortenboden zweimal waagerecht durchschneiden. Die fast fest gewordene Schokosahne mit Handrührgerät mit Rührbesen kurz aufschlagen und auf die beiden unteren Tortenböden streichen. Die Torte wieder zusammensetzen und auf einen Kuchenrost setzen. Den Kuchenrost auf ein Backblech stellen. Die restliche, abgekühlte Schokocreme auf die Torte geben, glattstreichen und abtropfen lassen. Die Torte bis zum Dekorieren kühl stellen. Die abgetropfte Schokocreme bei Zimmertemperatur aufbewahren.
8. Kurz vor dem Dekorieren die abgetropfte Schokocreme als Klecks in die Mitte der Tortenoberfläche geben. Den Tortenrand mit Kakao bestäuben.

FÜR DIE DEKORATION

200 g	Zartbitter-Kuvertüre
etwa 25	ungespritzte, feste Blätter, z. B. Rosen- oder Efeublätter
150 g	Himbeeren
	Backpapier

1. Die Kuvertüre temperieren wie im Ratgeber auf Seite 6 beschrieben. Die Blätter abspülen und trocken tupfen. Die Unterseite der Blätter mit einem weichen Pinsel mit Kuvertüre bestreichen. (Nicht zu dünn bestreichen, sonst bricht oder schmilzt die Kuvertüre beim Abziehen der Blätter.) Bestrichene Blätter auf Backpapier legen.
2. Die Kuvertüre auf den Rosen- oder Efeublättern trocknen lassen, bis sie erstarrt ist.
3. Die Rosen- oder Efeublätter abziehen. Die Kuvertüreblätter in die Schokosahne auf die Torte stecken. Die Himbeeren in den Zwischenräumen verteilen.

SCHOKOKUCHEN MIT KAKAOSTERN

1.

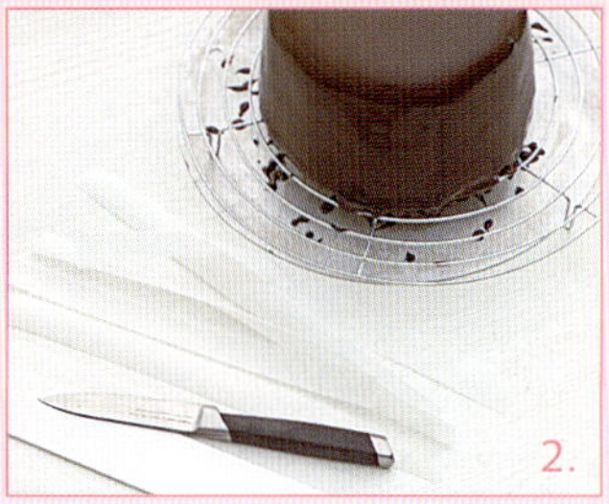
2.

3.

4.

SCHOKOKUCHEN MIT KAKAOSTERN (Zubereitungszeit: etwa 140 Minuten, ohne Kühlzeit)

1 Springform (Ø 20 cm), weiche Butter oder Margarine zum Einfetten, Backpapier

FÜR DEN RÜHRTEIG:

100 g	abgezogene, gemahlene Mandeln
250 g	Weizenmehl
3 gestr. TL	Dr. Oetker Backin
30 g	Kakaopulver
220 g	weiche Butter oder Margarine
170 g	Zucker
1 Prise	Salz
1 Pck.	Dr. Oetker Vanillin-Zucker
4	Eier (Größe M)
50 ml	Whisky oder brauner Rum

FÜR DIE FÜLLUNG:

200 g	Marzipan-Rohmasse
125 g	weiche Butter oder Margarine
100 g	gesiebter Puderzucker
20 g	Aprikosenkonfitüre

FÜR DEN MARZIPANMANTEL:

150 g	Marzipan-Rohmasse
70 g	gesiebter Puderzucker

1. Vom Backpapier einen Streifen (Länge etwa 62 cm) abschneiden, das Papier zweimal der Länge nach falten, so dass der Streifen 12–13 cm breit ist. Den Boden der Form einfetten, den Streifen als zusätzlichen Rand in die Form stellen. Den Backofen vorheizen.
2. Für den Teig Mandeln in einer Pfanne ohne Fett goldbraun rösten, auf einen Teller geben und erkalten lassen. Mehl und Backpulver in eine Schüssel geben. Kakao darübersieben. Die Zutaten mit einem Schneebesen verrühren.
3. Butter oder Margarine in eine Rührschüssel geben und mit Handrührgerät mit Rührbesen geschmeidig rühren. Nach und nach Zucker, Salz und Vanillin-Zucker unterrühren. So lange rühren, bis eine gebundene Masse entstanden ist.
4. Eier nach und nach unterrühren (jedes Ei etwa ½ Minute). Mehlgemisch in 2 Portionen im Wechsel mit Whisky oder Rum unterrühren. Mandeln unterheben.
5. Den Teig in die Form füllen und glattstreichen. Die Form auf dem Rost in den vorgeheizten Backofen schieben.

Ober-/Unterhitze: etwa 180 °C
Heißluft: etwa 160 °C
Backzeit: 60–70 Minuten.

6. Die Form auf einen Kuchenrost stellen. Nach etwa 10 Minuten den Springformrand entfernen, Backpapier vorsichtig abziehen. Den Gebäckboden erkalten lassen.
7. Für die Füllung Marzipan in sehr kleine Stücke schneiden oder auf der Haushaltsreibe raspeln. Marzipan und die Hälfte der Butter oder Margarine in eine Rührschüssel geben und mit Handrührgerät mit Rührbesen glattrühren. Restliche Butter oder Margarine hinzugeben und schaumig aufschlagen. Puderzucker und Aprikosenkonfitüre nach und nach unterrühren.
8. Den Kuchen zweimal waagerecht durchschneiden. (Eventuell von der Wölbung des oberen Boden etwas abschneiden.) Die Marzipan-Buttercreme in drei gleich große Portionen teilen. Zwei Portionen der Creme auf die beiden unteren Gebäckböden streichen. Den Kuchen zusammensetzen und mit der restlichen Creme rundherum einstreichen.
9. Für den Marzipanmantel Marzipan mit Puderzucker verkneten und halbieren. Die Arbeitsfläche mit Puderzucker bestäuben. Eine Marzipanhälfte zu einer runden Platte (Ø etwa 20 cm) ausrollen und auf den Kuchen legen. Restliches Marzipan zu einem Streifen (etwa 7 x 60 cm) ausrollen, aufrollen und am Kuchenrand abrollen, leicht andrücken. Überstehendes Marzipan abschneiden. Schnittkanten mit einem Löffelrücken glätten. Kuchen kühl stellen.
10. Den Kuchen zum Dekorieren auf einen Kuchenrost stellen.

FÜR DIE DEKORATION

150 g	Zartbitter-Schokolade
150 g	Schlagsahne
2–3 EL	Kakapulver

1. Die Schokolade hacken. Die Sahne in einem Topf erhitzen (nicht kochen). Den Topf von der Kochstelle nehmen. Die Schokolade in die Sahne geben, etwa 1 Minute stehen lassen. Mit einem Schneebesen zu einer glatten Masse verrühren. Die Schokosahne abkühlen lassen, bis sie dickflüssig ist. Die Schokosahne langsam über den Kuchen gießen, abtropfen und trocknen lassen.
2. Aus Backpapier 4 Streifen (etwa 2 x 38 cm) schneiden.
3. Die Streifen sternförmig auf den Kuchen legen.
4. Den Kakao in ein feines Sieb geben. Den Kuchen rundherum mit Kakao bestäuben, dabei den Kuchenrost leicht kippen. Streifen vorsichtig abheben, dabei mit dem zuletzt aufgelegten Streifen beginnend. Kuchen auf eine Tortenplatte setzen.

KRINGELTORTE

KRINGELTORTE (Zubereitungszeit: etwa 80 Minuten, ohne Kühlzeit)

1 Springform (Ø 20 cm), Backpapier

FÜR DEN BISKUITTEIG:

100 g	Weizenmehl
40 g	Speisestärke
1 gestr. TL	Dr. Oetker Backin
3	Eier (Größe M)
2 EL	heißes Wasser
120 g	Zucker
1 Prise	Salz

FÜR DIE FÜLLUNG:

100 g	Zartbitter-Schokolade, gefüllt mit Pfefferminz
200 g	Schlagsahne
1 Pck.	Dr. Oetker Sahnesteif
30 g	Zartbitter-Raspelschokolade

1. Einen Bogen Backpapier auf den Boden der Springform legen und mit dem Springformrand straff einspannen. Den Backofen vorheizen.

2. Für den Teig Mehl, Speisestärke und Backpulver in eine Schüssel geben und mit einem Schneebesen verrühren. Eier und Wasser in einer Rührschüssel mit Handrührgerät mit Rührbesen auf höchster Stufe in 1 Minute schaumig schlagen. Zucker und Salz in 1 Minute unter Rühren einstreuen, dann noch etwa 2 Minuten schlagen.

3. Das Mehlgemisch in 2 Portionen auf die Eiermasse streuen und kurz auf niedrigster Stufe unterrühren. Den Teig in die Form geben und glattstreichen. Die Form auf dem Rost in den vorgeheizten Backofen schieben.

Ober-/Unterhitze: etwa 180 °C
Heißluft: etwa 160 °C
Backzeit: 20–25 Minuten.

4. Die Form auf einen Kuchenrost stellen. Nach etwa 10 Minuten den Tortenboden mit einem Messer aus der Form lösen und auf einen mit Backpapier belegten Kuchenrost stürzen. Mitgebackenes Backpapier abziehen. Den Tortenboden mindestens 3 Stunden erkalten lassen.

5. Für die Füllung Schokolade in Stücke hacken. Sahne in einem Topf erhitzen, nicht kochen. Die Schokolade in die Sahne geben und unter Rühren schmelzen. Die Schoko-Minz-Sahne mindestens 3 Stunden kühl stellen.

6. Die Schoko-Minz-Sahne mit Sahnesteif steifschlagen. Raspelschokolade unterheben. Den Tortenboden mit einem Sägemesser zweimal waagerecht durchschneiden. Die beiden unteren Scheiben des Tortenbodens mit jeweils einer Hälfte der Schoko-Minz-Sahne bestreichen. Die Tortenböden wieder aufeinanderlegen.

FÜR DIE DEKORATION

250 g	Zartbitter-Schokolade (50 % Kakao)
600 g	Schlagsahne
1 Pck.	Dr. Oetker Sahnesteif
2 EL	gesiebter Puderzucker

1. Die Schokolade in Stücke brechen und wie im Ratgeber auf Seite 6 beschrieben temperieren. 300 g der Sahne steifschlagen. Die Hälfte davon unter die Schokolade rühren. Restliche Sahne unterheben, kühl stellen.

2. Torte auf eine Tortendrehscheibe stellen. Restliche Sahne mit Sahnesteif und Puderzucker steifschlagen. 3 Esslöffel davon auf die Torte geben. Torte damit dünn einstreichen. Restliche Sahne in einen Spritzbeutel mit Lochtülle (Ø etwa 13 mm) füllen. Kühl gestellte Schokosahne ebenfalls in einen Spritzbeutel mit Lochtülle (Ø etwa 13 mm) füllen.

3. Die Sahne im Wechsel mit der Schokosahne von unten nach oben, bzw. von außen nach innen ringförmig an den Tortenrand und auf die Oberfläche spritzen. Die Torte bis zum Servieren kühl stellen.

QUADRATTORTE

1.

2.

3.

QUADRATTORTE (Zubereitungszeit: etwa 150 Minuten, ohne Kühlzeit)

1 Backblech (30 x 40 cm),
weiche Butter oder Margarine,
Backpapier, 1 eckiger Backrahmen

FÜR JE 1 BISKUITTEIG:

40 g	Weizenmehl
60 g	Speisestärke
2 gestr. TL	Dr. Oetker Backin
30 g	Kakaopulver
4	Eier (Größe M)
2 EL	heißes Wasser
120 g	Zucker
1 Pck.	Dr. Oetker Vanillin-Zucker
1 Prise	Salz

– Die Zutaten für den Biskuitteig zweimal bereithalten, es werden 2 Tortenböden gebacken. –

FÜR DIE FÜLLUNG:

1 Dose	Pfirsichhälften (Abtropfgewicht 500 g)
1 Pck.	Dr. Oetker Tortenguss, klar
2 EL	Zucker
250 ml (¼ l)	Pfirsichsaft (aus der Dose)
3 EL	Zitronensaft

1. Das Backblech in den Ecken und der Mitte einfetten und mit Backpapier belegen. Den Backrahmen daraufstellen und zu einem Quadrat (25 x 25 cm) ausziehen. Den Backofen vorheizen.
2. Für den Teig Mehl, Speisestärke und Backpulver in eine Schüssel geben, Kakao darübersieben. Die Zutaten mit einem Schneebesen verrühren.
3. Eier und Wasser in eine Rührschüssel geben und mit Handrührgerät mit Rührbesen auf höchster Stufe in etwa 1 Minute schaumig schlagen. Zucker, Vanillin-Zucker und Salz in 1 Minute unter Rühren einstreuen, dann noch etwa 2 Minuten schlagen.
4. Das Mehl-Kakao-Gemisch in 2 Portionen auf die Eiermasse streuen und kurz auf niedrigster Stufe unterrühren. Den Teig in den Backrahmen geben und glattstreichen. Das Backblech in den vorgeheizten Backofen schieben.

Ober-/Unterhitze: etwa 180 °C
Heißluft: etwa 160 °C
Backzeit: 20–30 Minuten.

5. Das Backblech auf einen Kuchenrost stellen. Nach etwa 10 Minuten den Backrahmen mit einem Messer lösen. Den Tortenboden auf einen mit Backpapier belegten Kuchenrost stürzen, mitgebackenes Backpapier abziehen. Tortenboden mindestens 3 Stunden erkalten lassen. Den zweiten Biskuitteig auf die gleiche Weise herstellen und erkalten lassen.
6. Einen Tortenboden auf eine Tortenunterlage legen. Den Backrahmen um den Tortenboden stellen.
7. Für die Füllung Pfirsichhälften in einem Sieb abtropfen lassen, dabei den Saft auffangen und 250 ml (¼ l) abmessen. Pfirsichhälften in kleine Stücke schneiden.
8. Aus Tortengusspulver, Zucker, Pfirsich- und Zitronensaft einen Tortenguss nach Packungsanleitung zubereiten. Die Pfirsichstücke mit dem Tortenguss mischen, in den Backrahmen füllen und glattstreichen. Den zweiten Tortenboden darauflegen. Die Torte bis zum weiteren Gebrauch kühl stellen. Den Backrahmen mit einem Messer lösen und entfernen.

FÜR DIE DEKORATION

70 g	Zartbitter-Schokolade (50 % Kakao)
1 Pck.	Gala Sahne-Pudding-Pulver
2 EL	Zucker
500 ml (½ l)	Milch
250 g	weiche Butter
100 g	gesiebter Puderzucker

1. Schokolade hacken. Pudding nach Packungsanleitung zubereiten, halbieren. Unter eine Hälfte gehackte Schokolade rühren, schmelzen lassen. Puddinge mit Frischhaltefolie belegen. Mindestens 3 Stunden erkalten lassen.
2. Für die dunkle Creme 125 g Butter und 50 g Puderzucker cremig aufschlagen, Schokopudding esslöffelweise unterrühren. Mit 3–4 Esslöffeln der Creme die Torte rundherum einstreichen.
3. Für die helle Creme restliche Butter und Puderzucker cremig aufschlagen, Sahnepudding unterrühren. Auf der Tortenoberfläche die vier Felder markieren. Dunkle und helle Creme in 2 Spritzbeutel mit Lochtülle (Ø je 10 mm) füllen. Die Creme in Tupfen auf die markierten Felder spritzen.

GIRLANDENTORTE

1.

2.

3.

4.

GIRLANDENTORTE (Zubereitungszeit: etwa 120 Minuten, ohne Kühlzeit)

1 Springform (Ø 20 cm), Backpapier

FÜR DEN BISKUITTEIG:

120 g	Weizenmehl
1 gestr. TL	Dr. Oetker Backin
60 g	Speisestärke
3	Eier (Größe M)
2 EL	heißes Wasser
120 g	Zucker
1 Pck.	Dr. Oetker Vanillin-Zucker

FÜR DIE FÜLLUNG:

1 Pck.	Gala Bourbon-Vanille-Pudding-Pulver
2 EL	Zucker
500 ml (½ l)	Milch
120 g	Brombeerkonfitüre
250 g	weiche Butter
100 g	gesiebter Puderzucker

1. Einen Bogen Backpapier auf den Boden der Springform legen und mit dem Springformrand straff einspannen. Den Backofen vorheizen.

2. Mehl, Backpulver und Speisestärke in einer Schüssel mit einem Schneebesen verrühren.

3. Eier in eine Rührschüssel geben, Wasser hinzufügen und mit Handrührgerät mit Rührbesen auf höchster Stufe in etwa 1 Minute schaumig schlagen.

4. Zucker und Vanillin-Zucker in 1 Minute einstreuen, dann noch etwa 2 Minuten auf höchster Stufe schlagen.

5. Das Mehlgemisch nach und nach auf die Eiercreme streuen und kurz auf niedrigster Stufe unterrühren. Den Teig in die Form füllen und glattstreichen. Die Form auf dem Rost in den vorgeheizten Backofen schieben.

Ober-/Unterhitze: etwa 180 °C
Heißluft: etwa 160 °C
Backzeit: 30–40 Minuten.

6. Die Form auf einen Kuchenrost stellen. Den Biskuitboden nach etwa 10 Minuten mit einem Messer aus der Form lösen und auf einen mit Backpapier belegten Kuchenrost stürzen. Mitgebackenes Backpapier abziehen. Biskuitboden mindestens 2 Stunden kalt stellen.

7. Für die Füllung Pudding-Pulver und Zucker mit 6 Esslöffeln der Milch verrühren. Restliche Milch aufkochen. Topf von der Kochstelle nehmen. Angerührtes Pudding-Pulver einrühren und unter Rühren einmal aufkochen lassen.

8. Direkt auf die heiße Puddingoberfläche Frischhaltefolie legen. Pudding mindestens 3 Stunden abkühlen lassen.

9. Butter und Puderzucker mit Handrührgerät mit Rührbesen etwa 5 Minuten schaumig rühren. Den Pudding esslöffelweise unterrühren. Die Hälfte der Buttercreme zum Dekorieren beiseitestellen.

10. Den Biskuitboden mit einem Sägemesser zweimal waagerecht durchschneiden. Die Konfitüre glattrühren und auf die beiden unteren Böden streichen.

11. Die restliche Buttercreme in 2 gleich große Portionen teilen und auf die beiden unteren Biskuitböden streichen. Die Torte wieder zusammensetzen.

FÜR DIE DEKORATION

lila Zuckerperlen

1. Die Hälfte der beiseite gestellten Creme mit einem Teigschaber auf der Torte verteilen.

2. Mit einer Teigkarte den Rand glattstreichen.

3. Die Creme auf der Tortenoberfläche mit einer Palette glattstreichen. Überflüssige Creme abnehmen.

4. Restliche Creme in einen Spritzbeutel mit Sterntülle (Ø 7 mm) füllen und kleine Tupfen girlandenartig auf die Torte spritzen. Tupfen mit Zuckerperlen garnieren. Die Torte mindestens 1 Stunde kühl stellen.

VERGISSMEINNICHT-ROSETTEN-TORTE

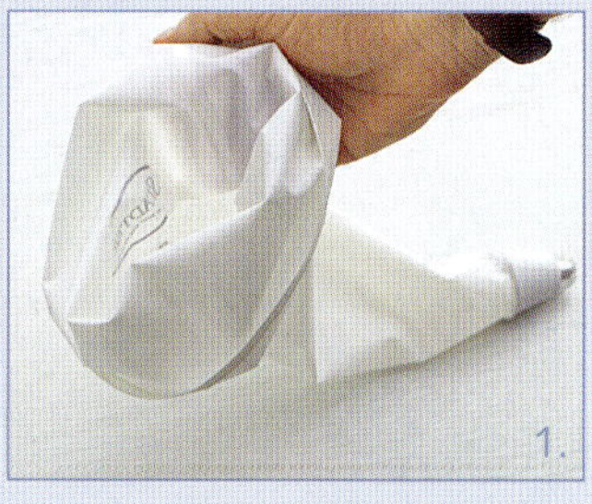
1.

2.

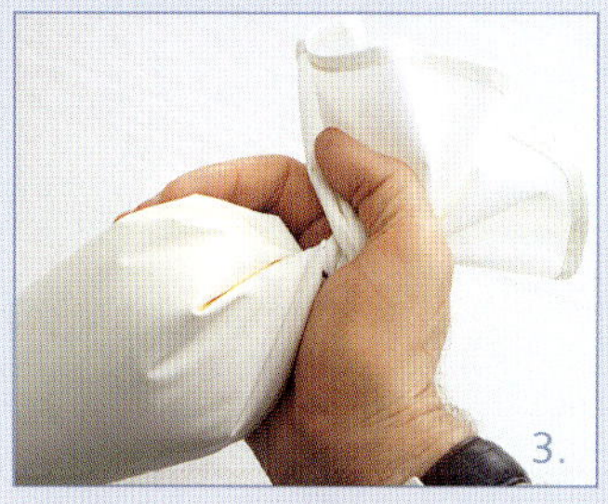
3.

4.

VERGISSMEINNICHT-ROSETTEN-TORTE (Zubereitungszeit: etwa 100 Minuten, ohne Kühlzeit)

1 Springform (Ø 26 cm), Backpapier

FÜR DEN BISKUITTEIG:

70 g	Butter
120 g	Weizenmehl
50 g	Speisestärke
2 gestr. TL	Dr. Oetker Backin
5	Eier (Größe M)
150 g	Zucker
1 Pck.	Dr. Oetker Vanillin-Zucker
1 Prise	Salz

FÜR DIE FÜLLUNG:

2 Dosen	Aprikosenhälften (Abtropfgewicht je 250 g)
1 Pck.	Tortenguss, klar
250 ml (¼ l)	Aprikosensaft (aus der Dose)
1 EL	Zitronensaft
2 EL	Zucker
150 g	Sauerkirschkonfitüre
2–3 EL	Kirschwasser

1. Einen Bogen Backpapier auf den Boden der Springform legen und mit dem Springformrand straff einspannen. Den Backofen vorheizen.

2. Für den Teig die Butter zerlassen und abkühlen lassen. Mehl, Speisestärke und Backpulver in eine Schüssel geben und mit einem Schneebesen verrühren. Eier mit Handrührgerät mit Rührbesen auf höchster Stufe in 1 Minute schaumig schlagen. Zucker, Vanillin-Zucker und Salz in 1 Minute unter Rühren einstreuen, dann noch etwa 2 Minuten schlagen.

3. Das Mehlgemisch in 2 Portionen auf die Eiercreme streuen und kurz auf niedrigster Stufe unterrühren. Die abgekühlte Butter langsam hinzugeben und kurz unterrühren. Den Teig in die Form geben und glattstreichen. Die Form auf dem Rost in den vorgeheizten Backofen schieben.

Ober-/Unterhitze: etwa 180 °C
Heißluft: etwa 160 °C
Backzeit: 40–45 Minuten.

4. Die Form auf einen Kuchenrost stellen. Den Tortenboden nach etwa 10 Minuten mit einem Messer aus der Form lösen, auf einen mit Backpapier belegten Kuchenrost stürzen und mindestens 3 Stunden erkalten lassen.

5. Für die Füllung Aprikosenhälften in einem Sieb abtropfen lassen, dabei den Saft auffangen und 250 ml (¼ l) abmessen.

6. Das mitgebackene Backpapier vom Tortenboden abziehen. Den Tortenboden mit einem Sägemesser zweimal waagerecht durchschneiden. Den unteren Tortenboden auf eine Tortenunterlage legen. Einen Tortenring oder den gesäuberten Springformrand um den Tortenboden stellen.

7. Aprikosenhälften auf dem Tortenboden verteilen. Aus Tortengusspulver, Aprikosensaft, Zitronensaft und Zucker einen Guss nach Packungsanleitung zubereiten und über die Aprikosenhälften geben. Kühl stellen, bis der Guss fest ist. Den mittleren Boden auf die Aprikosenfüllung legen. Kirschkonfitüre mit dem Kirschwasser verrühren und daraufstreichen. Den letzten Boden drauflegen und leicht andrücken. Den Tortenring oder Springformrand entfernen.

Tipp: Anstelle der gezuckerten Vergissmeinnicht-Blüten können Sie gezuckerte Veilchenblüten verwenden oder aus lila gefärbtem Zuckerguss kleine Tupfen spritzen, trocknen lassen und als Blütenersatz verwenden.

FÜR DIE DEKORATION

750 g	Mascarpone (italienischer Frischkäse)
350 g	Schlagsahne
4 EL	gesiebter Puderzucker
2 Pck.	Dr. Oetker Sahnesteif

1. Eine Rosettentülle (Ø 14 mm) in den Spritzbeutel stecken, den Beutel etwa bis zur Hälfte umkrempeln.

2. Nacheinander jeweils die Hälfte Mascarpone und Schlagsahne in eine Rührschüssel geben und mit je 2 Esslöffeln Puderzucker und 1 Päckchen Sahnesteif steifschlagen. Mit 3 Esslöffeln der Creme die Torte einstreichen. Einen Teil der restlichen Creme in den Spritzbeutel füllen, dafür von unten in die Krempe fassen.

3. Den oberen Teil des Spritzbeutels zusammendrehen und die Creme herausdrücken.

4. Von unten nach oben bzw. von außen nach innen Rosetten auf die Torte spritzen. Restliche Creme ebenso aufspritzen. Die Torte bis zum Servieren kühl stellen. Kurz vor dem Servieren die Blüten aufsetzen.

ROSENBLÄTTER-TORTE

1.

2.

3.

ROSENBLÄTTER-TORTE (Zubereitungszeit: etwa 90 Minuten, ohne Kühl- und Trockenzeit)

1 Springform (Ø 20 cm), weiche Butter oder Margarine zum Einfetten

FÜR DEN ALL-IN-TEIG:

250 g	Weizenmehl
70 g	Speisestärke
3 gestr. TL	Dr. Oetker Backin
180 g	Zucker
1 Pck.	Dr. Oetker Finesse Geriebene Zitronenschale
4	Eier (Größe M)
200 g	weiche Butter oder Margarine

ZUM BETRÄUFELN:

1 EL	gesiebter Zitronensaft
2 EL	gesiebter Puderzucker
1 EL	Wasser
4 EL	Rosenwasser (erhältlich im Reformhaus)

ZUM FÜLLEN:

100 g	Zitronengelee oder -marmelade

FÜR DIE BUTTERCREME:

125 g	Butter oder Margarine
200 g	gesiebter Puderzucker
1 EL	gesiebter Zitronensaft
1 EL	Rosenwasser (erhältlich im Reformhaus)

1. Den Boden der Form einfetten. Den Backofen vorheizen.

2. Für den Teig Mehl, Speisestärke und Backpulver in eine Rührschüssel geben, mit einem Schneebesen verrühren. Zucker, Zitronenschale, Eier und Butter oder Margarine hinzufügen. Die Zutaten mit Handrührgerät mit Rührbesen auf mittlerer Stufe in etwa 1 Minute zu einem glatten Teig verrühren.

3. Den Teig in die Form füllen und glattstreichen. Die Form auf dem Rost in den vorgeheizten Backofen schieben.

Ober-/Unterhitze: etwa 180 °C
Heißluft: etwa 160 °C
Backzeit: 45–55 Minuten.

4. Die Form auf einen Kuchenrost stellen. Nach etwa 10 Minuten den Springformrand mit einem Messer lösen. Den Tortenboden auf einen mit Backpapier belegten Kuchenrost stürzen, wieder umdrehen und erkalten lassen.

5. Zum Beträufeln Zitronensaft, Puderzucker, Wasser und Rosenwasser verrühren. Den Tortenboden zweimal waagerecht durchschneiden. Den oberen Boden umdrehen, so dass die Schnittseite oben liegt. Die drei Böden mit der Flüssigkeit beträufeln.

6. Zum Füllen Zitronengelee oder -marmelade mit einem Schneebesen glattrühren und auf die beiden unteren Böden streichen.

7. Für die Buttercreme Butter oder Margarine mit Handrührgerät mit Rührbesen zu einer weißen Creme aufschlagen. Puderzucker nach und nach einrieseln lassen, dabei weiterschlagen. Zitronensaft und Rosenwasser unterrühren. Die Creme halbieren.

8. Die Hälfte der Creme auf die beiden unteren Böden streichen. Die Torte wieder zusammensetzen und mit restlicher Creme einstreichen. Die Torte bis zum Dekorieren kühl stellen.

FÜR DIE DEKORATION

1 EL	Gummi arabicum (erhältlich beim Versand für Backzubehör)
1 EL	Zucker
½	Eiweiß (Größe M)
50 ml	kaltes Wasser
4	ungespritzte Rosen, nur die Blütenblätter
200 g	Zucker

1. Gummi arabicum und Zucker in einer Schüssel mischen. Eiweiß und Wasser unterrühren.

2. Die Blütenblätter abzupfen und in die Gummimischung tauchen. Den Zucker auf einem Backblech verteilen.

3. Die Blüten abtropfen lassen, auf den Zucker legen und mit Zucker bestreuen. Etwa 1 Tag trocknen lassen. Die Blüten rundherum auf die Torte geben und leicht andrücken.

ZITRUSKUCHEN MIT ZITRUSROSEN

1.

2.

3.

4.

ZITRUSKUCHEN MIT ZITRUSROSEN (Zubereitungszeit: etwa 120 Minuten, ohne Kühlzeit)

1 Springform (Ø 20 cm), Backpapier

FÜR DEN RÜHRTEIG:

- 100 g Zitronat (Sukkade) oder Orangeat
- 100 g Weizenmehl
- 2 gestr. TL Dr. Oetker Backin
- 50 g Speisestärke
- 1 Pck. Dr. Oetker Finesse Geriebene Zitronenschale
- 150 g weiche Butter oder Margarine
- 1 Msp. Salz
- 120 g Zucker
- 1 Pck. Dr. Oetker Vanillin-Zucker
- 3 Eier (Größe M)

FÜR DIE SCHOKOCREME:

- 300 g Zartbitter-Schokolade (50 % Kakao)
- 300 g Schlagsahne

ZUM BESTÄUBEN:

- 1 EL Kakaopulver

1. Einen Bogen Backpapier auf den Boden der Springform legen und mit dem Springformrand straff einspannen.
2. Für den Teig Zitronat oder Orangeat im Zerkleinerer fein hacken. Den Backofen vorheizen.
3. Mehl, Backpulver, Speisestärke, Zitronenschale und gehacktes Zitronat oder Orangeat in eine Schüssel geben. Die Zutaten mit einem Schneebesen verrühren.
4. Butter oder Margarine in eine Rührschüssel geben und mit Handrührgerät mit Rührbesen auf höchster Stufe geschmeidig rühren. Salz, Zucker und Vanillin-Zucker nach und nach unterrühren. So lange rühren, bis eine gebundene Masse entstanden ist. Eier nach und nach unterrühren (jedes Ei etwa ½ Minute). Mehlgemisch in 2 Portionen unterrühren.
5. Den Teig in die Form füllen und glattstreichen. Die Form auf dem Rost in den vorgeheizten Backofen schieben.

Ober-/Unterhitze: etwa 180 °C
Heißluft: etwa 160 °C
Backzeit: 40–50 Minuten.

6. Die Form auf einen Kuchenrost stellen. Den Kuchen nach etwa 10 Minuten mit einem Messer aus der Form lösen. Den Kuchen mit dem Backpapier auf den Kuchenrost ziehen und mindestens 2 Stunden erkalten lassen.
7. Für die Schokocreme Schokolade hacken. Sahne in einem Topf erhitzen, nicht kochen lassen. Den Topf von der Kochstelle nehmen, Schokolade unterrühren, etwa 1 Minute stehen lassen. Mit einem Schneebesen glattrühren, bis die Schokolade geschmolzen ist.
8. Die Schokocreme bis zur gewünschten Konsistenz kühl stellen. Je länger sie kühl steht, desto fester wird sie.
9. Das mitgebackene Backpapier abziehen und den Kuchen auf eine Tortenunterlage setzen. Den Kuchen mit einem Sägemesser zweimal waagerecht durchschneiden. Die Schokocreme in 4 Portionen teilen. Je eine Portion Schokocreme auf die beiden unteren Gebäckböden streichen. Den Kuchen zusammensetzen und rundherum mit der restlichen Schokocreme bestreichen. Etwa 1 Stunde kühl stellen. Vor dem Dekorieren mit Kakao bestäuben.

FÜR DIE DEKORATION

- 550 g Zucker
- 400 ml Wasser
- je 2 Bio-Zitronen und -Orangen (unbehandelt, ungewachst)

1. 500 g des Zuckers und das Wasser in einen Topf geben, zum Kochen bringen. So lange kochen lassen, bis der Zucker aufgelöst ist.
2. Zitronen und Orangen heiß abwaschen und trocken tupfen. Die Schale jeweils mit einem Sparschäler in möglichst langen, spiralartigen Streifen abschälen.
3. Die Zitrusstreifen in den Zuckersirup geben und etwa 5 Minuten bei schwacher Hitze köcheln lassen.
4. Zitrusstreifen herausnehmen, abtropfen lassen und zu Blüten aufwickeln. Mit restlichem Zucker bestreuen. Den Kuchen mit den Zitrusrosen garnieren.

MARZIPAN-MODEL-TORTE

1.

2.

3.

MARZIPAN-MODEL-TORTE (Zubereitungszeit: etwa 130 Minuten, ohne Einweich- und Kühlzeit)

2 Springformen (Ø je 20 cm), weiche Butter oder Margarine zum Einfetten, Backpapier

ZUM VORBEREITEN:

200 g	getrocknete Aprikosen
100 g	kandierter Ingwer
100 g	Zitronat (Sukkade), gewürfelt
100 g	Orangeat, gewürfelt
250 g	Rosinen
200 g	Korinthen
125 g	getrocknete Cranberries
150 ml	Apfelsaft

FÜR DEN RÜHRTEIG:

750 g	Weizenmehl (Type 550)
6 gestr. TL	Dr. Oetker Backin
2 TL	gemahlener Zimt
½ TL	gemahlene Muskatblüte
½ TL	gemahlene Nelken
350 g	Butter oder Margarine
300 g	brauner Zucker
1 gestr. TL	Salz
6	Eier (Größe M)
170 g	Johannisbeergelee

FÜR DIE BUTTERCREME:

150 g	weiche Butter
230 g	gesiebter Puderzucker
2 EL	gesiebter Zitronensaft

1. Zum Vorbereiten Aprikosen in etwa 3 x 3 mm große Würfel schneiden. Ingwer im Zerkleinerer sehr fein hacken. Aprikosen und Ingwer mit den restlichen Früchten mischen. Apfelsaft erwärmen und unter die Früchte rühren. Früchte etwa 2 Stunden einweichen.
2. Vom Backpapier zwei Streifen (Länge etwa 62 cm) abschneiden, das Papier zweimal der Länge nach falten, so dass jeder Streifen 12–13 cm breit ist. Die Böden der Formen einfetten, jeweils den Streifen als zusätzlichen Rand in die Formen stellen. Den Backofen vorheizen.
3. Für den Teig Mehl, Backpulver, Zimt, Muskatblüte und Nelken in eine Schüssel geben und mit einem Schneebesen verrühren.
4. Butter oder Margarine in eine Rührschüssel geben und mit Handrührgerät mit Rührbesen auf höchster Stufe geschmeidig rühren. Nach und nach Zucker und Salz unterrühren. So lange rühren, bis eine gebundene Masse entstanden ist. Eier nach und nach unterrühren (jedes Ei etwa ½ Minute).
5. Mehlgemisch in 3 Portionen unterrühren. Eingeweichte Früchte mit Handrührgerät mit Knethaken unterarbeiten. Teig in die Formen füllen und glattstreichen. Formen nacheinander auf dem Rost (bei Heißluft zusammen) in den vorgeheizten Backofen schieben.

Ober-/Unterhitze: etwa 180°C
Heißluft: etwa 160 °C
Backzeit: 10 Minuten, danach die Hitze um 20 °C reduzieren. Die Kuchen weitere 90–100 Minuten backen.

6. Die Formen auf einen Kuchenrost stellen. Nach etwa 10 Minuten jeweils den Springformrand entfernen und das Backpapier abziehen. Die Kuchen erkalten lassen.
7. Johannisbeergelee verrühren. Die Oberfläche eines Kuchens gerade schneiden. Beide Kuchen einmal waagerecht durchschneiden. Die 3 Kuchenböden mit Gelee bestreichen, aufeinanderschichten und den unbestrichenen (gerade geschnittenen) Gebäckboden darauflegen.
8. Butter mit Handrührgerät mit Rührbesen cremig aufschlagen. Puderzucker nach und nach einrieseln lassen, dabei weiterschlagen. Zitronensaft unterrühren. Den Kuchen rundherum mit der Creme einstreichen. Den Kuchen mindestens 1 Stunde kühl stellen.

Tipp: Für den Nusskaramell 200 g Zucker in einem Topf bei mittlerer Hitze langsam schmelzen und hellbraun karamellisieren lassen. 200 g abgezogene Haselnusskerne in den Karamell geben, unter den Karamell rühren und auf einem Stück Backpapier zu einem Kreis (Ø etwa 18 cm) ausstreichen. Den Karamell erkalten lassen. Den Nusskaramell auf die Modeltorte legen.

FÜR DIE DEKORATION

300 g	Marzipan-Rohmasse
100 g	gesiebter Puderzucker
	Puderzucker zum Bestäuben

1. Marzipan und Puderzucker verkneten, zu einer Rolle formen. Einen dicken Faden um die Torte legen und deren Umfang messen. Marzipanrolle auf einer mit Puderzucker bestäubten Arbeitsfläche mit einer Teigrolle ausrollen, bis das Marzipanstück etwa 16 cm breit und so lang wie der abgemessene Faden ist. Das Marzipanstück zwischendurch mit Puderzucker bestäuben.
2. Mit der Modelrolle langsam über das Marzipanstück rollen, dabei etwas drücken, damit sich das Muster der Rolle in das Marzipan drückt. Kanten gerade schneiden. Den Marzipanstreifen aufrollen.
3. Den Marzipanstreifen (Rolle) an die Torte stellen, abrollen und leicht andrücken. Überstehenden Marzipanrand abschneiden, Puderzucker mit einem Backpinsel entfernen.

GITTERKUCHEN

1.

2.

3.

4.

GITTERKUCHEN (Zubereitungszeit: etwa 90 Minuten, ohne Abkühlzeit)

1 Springform (Ø 26 cm), weiche Butter oder Margarine zum Einfetten

FÜR DEN RÜHRTEIG:

150 g	Gewürzspekulatius
200 g	Weizenmehl
2 gestr. TL	Dr. Oetker Backin
250 g	weiche Butter oder Margarine
180 g	Zucker
1 Pck.	Dr. Oetker Vanillin-Zucker
4	Eier (Größe M)
5 EL	Milch

FÜR DIE GLASUR:

120 g	Aprikosenkonfitüre
1 EL	Wasser

ZUM BESTREUEN:

20 g	Pistazienkerne

1. Für den Teig Gewürzspekulatius in Stücke brechen und im Zerkleinerer fein zerbröseln. Mit Mehl und Backpulver in eine Schüssel geben und mit einem Schneebesen verrühren.
2. Einen Bogen Backpapier auf den Boden der Springform legen und mit dem Springformrand straff einspannen. Den Backofen vorheizen.
3. Butter oder Margarine in eine Rührschüssel geben und mit Handrührgerät mit Rührbesen auf höchster Stufe geschmeidig rühren. Zucker und Vanillin-Zucker nach und nach unterrühren. So lange rühren, bis eine geschmeidige Masse entstanden ist.
4. Die Eier nach und nach unterrühren (jedes Ei etwa ½ Minute). Mehlgemisch in 2 Portionen, im Wechsel mit der Milch, unterrühren. Den Teig in die Form füllen. Die Form auf dem Rost in den vorgeheizten Backofen schieben.

Ober-/Unterhitze: etwa 180 °C
Heißluft: etwa 160 °C
Backzeit: 40–45 Minuten.

5. Die Form auf einen Kuchenrost stellen. Nach etwa 10 Minuten den Springformrand mit einem Messer lösen und entfernen. Den Kuchen mit dem Backpapier auf einen Kuchenrost ziehen und erkalten lassen. Backpapier abziehen.
6. Für die Glasur die Konfitüre mit Wasser verrühren, aufkochen und durch ein Sieb streichen. Den Kuchen damit rundherum einstreichen. Etwas trocknen lassen. Pistazienkerne sehr fein hacken und auf den Kuchen streuen.

FÜR DIE DEKORATION

200 g	Marzipan-Rohmasse
100 g	gesiebter Puderzucker glänzende, grüne Zuckerperlen

1. Marzipan-Rohmasse und Puderzucker zu einer glatten Masse verkneten. Arbeitsfläche mit Puderzucker bestäuben. Marzipan ausrollen, auf die Stanze legen. Mit einer Teigrolle über die Stanze rollen.
2. Das Marzipangitter auf eine Tortenunterlage stürzen und etwas auseinanderziehen.
3. Das Marzipangitter auf den Kuchen gleiten lassen und andrücken.
4. Überstehende Ränder abschneiden. Die ausgestochenen Rhomben in der Mitte mit dem stumpfen Ende eines Schaschlikspießes auf das Marzipangitter drücken und mit je einer Zuckerperle belegen (leicht andrücken).

GEBURTSTAGSTORTE

2.

3.

GEBURTSTAGSTORTE (Zubereitungszeit: etwa 120 Minuten, ohne Kühlzeit)

1 Backblech (30 x 40 cm), weiche Butter oder Margarine, Backpapier, 1 eckiger Backrahmen

FÜR DEN RÜHRTEIG:

200 g	Amarettini (italienisches Makronengebäck)
250 g	Weizenmehl
4 gestr. TL	Dr. Oetker Backin
250 g	weiche Butter oder Margarine
170 g	Zucker
1 Pck.	Dr. Oetker Vanillin-Zucker
1 Prise	Salz
5	Eier (Größe M)
125 ml (⅛ l)	Buttermilch

FÜR DIE FÜLLUNG:

170 g	Himbeergelee

ZUM BESTREICHEN:

500 g	Schlagsahne
40 g	gesiebter Puderzucker
2 Pck.	Dr. Oetker Sahnesteif

1. Das Backblech in den Ecken und der Mitte einfetten, mit Backpapier belegen. Den Backrahmen auf das Backpapier stellen und zu einem Quadrat (25 x 25 cm) ausziehen. Den Backofen vorheizen.

2. Für den Teig die Hälfte der Amarettini in einen Gefrierbeutel füllen, den Beutel verschließen. Amarettini mit der Teigrolle fein zerkrümeln, in eine Schüssel geben. Übrige Amarettini ebenso zerkrümeln, mit Mehl und Backpulver in die Schüssel geben. Zutaten mit einem Schneebesen verrühren.

3. Butter oder Margarine in eine Rührschüssel geben und mit Handrührgerät mit Rührbesen auf höchster Stufe geschmeidig rühren. Zucker, Vanillin-Zucker und Salz nach und nach unterrühren, so lange rühren, bis eine gebundene Masse entstanden ist. Eier nach und nach unterrühren (jedes Ei etwa ½ Minute).

4. Mehl-Amarettini-Gemisch in 2 Portionen, abwechselnd mit der Buttermilch unter den Teig rühren. Den Teig in den Backrahmen füllen und glattstreichen. Das Backblech in den vorgeheizten Backofen schieben.

Ober-/Unterhitze: etwa 180 °C
Heißluft: etwa 160 °C
Backzeit: 35–40 Minuten.

5. Das Backblech auf einen Kuchenrost stellen. Nach etwa 10 Minuten den Backrahmen mit einem Messer lösen. Den Tortenboden auf einen mit Backpapier belegten Kuchenrost stürzen, das mitgebackene Backpapier abziehen. Tortenboden erkalten lassen.

6. Den Tortenboden wieder umdrehen und mit einem Sägemesser waagerecht durchschneiden. Die untere Hälfte auf eine Tortenunterlage legen. Himbeergelee mit einem Schneebesen verrühren, auf den unteren Tortenboden streichen. Den oberen Tortenboden darauflegen.

7. Zum Bestreichen Sahne mit Puderzucker und Sahnesteif steifschlagen. Die Torte rundherum mit der Sahne einstreichen. Die Torte mindestens 1 Stunde kühl stellen.

FÜR DIE DEKORATION

je 100 g	geröstete, gehobelte und gehackte Mandeln
200 g	Marzipan-Rohmasse
30 g	gesiebter Puderzucker
etwa 50 g	Zuckerperlen
2 EL	Lavendelzucker
1	Eiweiß (Größe M)
	tropffreie Kerzen

1. Die gehobelten Mandeln an den Tortenrand drücken. Dabei die Torte etwas kippen.

2. Gehackte Mandeln auf die Tortenoberfläche streuen. Marzipan mit Puderzucker verkneten, halbieren. Arbeitsfläche mit Puderzucker bestäuben. Jede Marzipanhälfte zu einer Rolle (etwa 38 cm Länge) formen, zur gewünschten Zahl biegen. Die Zahl (Zahlen) auf Backpapier legen, mit der Teigrolle flachdrücken. Die Zahl (Zahlen) nachformen, Konturen nachschneiden.

3. Zuckerperlen auf die Kanten der Zahlen drücken. Farbigen Zucker in eine Papierspritztüte füllen und die Spitze abschneiden. Eiweiß verschlagen und auf die Zahl (Zahlen) streichen, Zucker aufstreuen. Die Zahlen auf die Torte legen. Kerzen in die Torte stecken.

Kapitelregister

Alphabetisches Register

Für Fragen, Vorschläge oder Anregungen steht Ihnen der Verbraucherservice der Dr. Oetker Versuchsküche
Telefon: +49 (0) 18 03 24 25 26 Mo.–Fr. 8:00–18:00 Uhr, Sa. 9:00–15:00 Uhr (0,09 EUR/Min.) zur Verfügung
oder schreiben Sie uns:
Dr. Oetker Verlag KG, Am Bach 11, 33602 Bielefeld
oder besuchen Sie uns im Internet unter www.oetker.de.

Umwelthinweis Dieses Buch und der Einband wurden auf chlorfrei gebleichtem Papier gedruckt. Die Einschrumpffolie – zum Schutz vor Verschmutzung – ist aus umweltfreundlichem und recyclingfähigem PE-Material.

Redaktion Carola Reich, Annette Riesenberg

Titelfoto Walter Cimbal, Hamburg
Innenfotos Walter Cimbal, Hamburg
Foodstyling Hermann Rottmann, Hamburg

Rezeptentwicklung und -beratung Anke Rabeler, Berlin
Hermann Rottmann, Hamburg

Wir danken für die freundliche Unterstützung Städter GmbH, Carl-Benz-Str. 6, 35305 Grünberg

Grafisches Konzept kontur:design, Bielefeld
Fotografisches Konzept Walter Cimbal und Hermann Rottmann, Hamburg
Titelgestaltung kontur:design, Bielefeld

Reproduktionen Repro Ludwig, Zell am See, Österreich
Satz JUNFERMANN Druck & Service, Paderborn
Druck und Bindung Mohn media Mohndruck GmbH, Gütersloh

ISBN 978–3–7670–1012–3